KB046542

친절한
한국사

친절한
한국사

나의 관점에서 시작하는 역사 공부

심용환 지음

들어가며

어디를 가든, 누구를 만나든 우리나라에서 '역사'는 항상 중요한 주제이고 그 중요성을 부정하는 경우는 찾기 힘듭니다. 하지만 현실에서 역사가 항상 환영을 받는 건 아닙니다. 한쪽에서는 역사 드라마나 영화를 두고 격렬한 왜곡 논쟁이 벌어지고, 다른 쪽에서는 개인 혹은 집단의 정치 성향에 따라 역사 인물을 악마화하거나 영웅화하기 바쁩니다.

학교에서 공부하는 역사 또한 답답하긴 마찬가지입니다. 창의력이 중요하다고 강조하고 역사는 암기 과목이 아니라고 말하지만, 결국엔 시험에서 몇 점을 받았는지가 가장 중요합니다. 그 결과 "많이 외운 사람이 많이 안다"라는 등식이 지금까지도 유효합니다. 그래서 역사 공부는 열린 마음으로 다양한 생각을 공유하며 과거와 현재를 비교하고 미래를 상상하는 연습이라는 대전제를 일선 교육 현장에서 지키기가 무척 힘듭니다.

『친절한 한국사』는 이러한 문제의식에서 출발했습니다.

'단순 암기나 감정의 소모가 아닌 제대로 된 역사 공부란 무엇일까?', '과거에 무슨 일이 있었는지 아는 것을 넘어서 역사를 현실의 문제를 해결하는 도구로 활용한다는 것은 무슨 뜻일까?'라는 질문에서 출발해서, 구체적으로 역사 공부에 어떤 생각과 활동이 필요하며, 나의 생각을 섬세하게 다듬어 가기 위해 어떤 노력을 해야 하는지 하나씩 찾아봤습니다. 때로는 교과서에 없는 이야기, 시험에 안 나오는 역사적 사건, 그래서 누구도 중요하다고 말하지 않는 과거에서 나에게 필요한 지식과 교훈을 발견할 수도 있습니다. 『친절한 한국사』가 역사를 공부하는 학생들에게 과거의 인물과 사건, 이야기 중에서 나에게 정말로 필요한 것을 찾아내는 가늠자가 될 수 있기를 희망합니다.

간혹 "이미 지나간 시간을 되돌아보는 일이 뭐가 중요한데?"라며 역사 공부는 쓸모없는 일이라고 말하는 사람도 있습니다. 그럴 만한 게, 세상은 가면 갈수록 더 빨리 변하고 있습니다. 환경과 생태계 파괴, 세계화와 신자유주의, 젠더 갈등처럼 오늘 우리는 과거에는 생각조차 할 수 없었던 문제들을 해결해야 합니다. 그런데 역사의 쓸모를 비판하는 이들은 오늘은 어제와 완전히 다른 시대, 다른 세상이기 때문에 역사 공부는 대안이 될 수 없다고 말합니다. 하지만 저는 그렇게 생각하지 않습니다. 인류가 걸어온 길을 되돌아보는 까닭은 오늘의 혼란을 극복하고 미래의 발전을 일구기 위해서입니다. 역사 공부는 이 세상에서 한 단계 더 도약하려는 도전입니다. 역사에 현재의 고민을 끌어들이고, 보다 과감한 해석을 시도하며, 자기가 만든 해석을 차근차근 증명해 보는 경험을 통해서 우리는 세상을 바꿀 수 있습니다.

진짜 역사 공부, 어렵지 않게 시작할 수 있으면서도 진지하게 성찰할 수 있고, 선조들이 살아온 시간과 공간에 가치를 부여하며, 새로운 상상을 펼쳐 나갈 수 있는 역사 공부를 함께해 보고 싶습니다. 빤한 통념을 깨고 100가지 생각이 시도 쉽어 흐르는 그런 역사 공부 말입니다. 그리고 그 과정을 통해서 비로소 '내 관점을 담은 역사 공부'가 가능해질 것이라 믿어 의심치 않습니다.

처음으로 청소년을 위한, 중학생·고등학생과 함께 읽을 책을 써 보았습니다. 학생들에게 친절한 선생님이 되는 것이 얼마나 어려운 일인지, 그러나 보람 있는 일인지 새삼 알게 되었습니다. 교실에 서서 학생들과 소통하며 그들의 눈높이에 맞추어 설명하는 장면을 상상하면서 이 책의 한 장 한 장을 채웠습니다. 저는 사려 깊게 고민하고 깊이 있게 토론하며 함께 깨닫는 역사 공부의 참 재미를 추구하는 학습 공동체의 힘을 믿습니다. 이 책이 역사를 공부하는 학생들은 물론이고, 매 순간 학생 지도를 위해 최선을 다하고 계신 선생님들께도 도움이 되기를 바랍니다.

나의 사랑들, 내 아내와 우리 아이들,
그리고 진실한 삶을 살기 위해 아등바등하는 우리에게
아름다운 빛을 비추는 믿음 안에서.

2022년 5월 심용환

차례

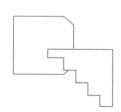

2장 오늘의 역사 읽기와 역사 쓰기

3장 나의 문화유산 즐기기

역사를 공부할 때 해석과 왜곡을 구분해야 합니다. 왜곡은 의도와 목적을 갖고 역사의 사실 관계를 엉클어뜨려서 잘못된 논리를 설파하는 행동입니다. 반면 해석은 인간 세계에서 벌어진 모든 일, 즉 역사에서 무엇이 의미 있고 중요한지, 어떤 것에 관심을 두고 어떤 이야기를 해야 하는지 고민하고 판단하는 과정입니다.

우리가 학교에서 공부한 역사 교과서는 다수가 인정하는 가장 공인된 역사 해석을 담고 있습니다. 그렇다면 교과서만 읽으면 역사를 다 알 수 있을까요? 그 내용만 외우면 그만일까요? 아닙니다. 교과서에서 배운 지식을 바탕으로 생각을 확장하고 보다 나은 결론을 찾는 연습을 해야 합니다. 교과 지식을 넘어서 새로운 지식을 탐구하고, 새로운 생각을 펼쳐 나가는 것, 그것이야말로 진짜 역사 공부입니다.

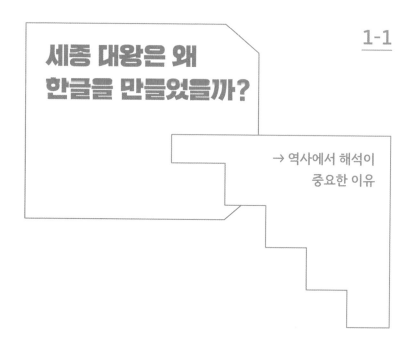

세종 대왕은 왜 한글을 만들었을까?

→ 역사에서 해석이 중요한 이유

임금이 백성을 위한다는 말은 무슨 뜻일까?

드라마 〈뿌리 깊은 나무〉가 커다란 인기를 얻으면서 사람들 사이에 '사대부는 한글 창제를 반대했다'라는 인식이 생겼습니다. 세종에 대한 이미지도 새로 그려집니다. 세종은 양반 사대부가 아니라 백성을 위해서 한글을 만들었다는 거죠. 당연한 일 아니냐고요? 한글을 창제한 이유와 원리를 설명한 『훈민정음』 서문에 세종이 직접 "나랏말이 중국과 달라 문자와 서로 통하지 아니하므로 이런 까닭으로 어리석은 백성이 이르고자 하는 바가 있어도 마침내 제 뜻을 능히 펴지 못하는 사람이 많다. 내가 이를 위해 불쌍히 여겨 새로 스물여덟 글자를 만드니 사람들이 쉽게 익혀 날마다 쓰기에 편안케 하고자 할 따름이다"라고 썼으니까요.

그런데 여기에서 백성을 위한다는 게 무슨 뜻일까요? 백성이란 말의 뜻은 현재의 시민이나 국민, 인민과 다릅니다. 백성은 왕의 다스림을 받는 존재, 지배를 당하는 피지배자를 의미합니다. 조선은 신분제 사회였습니다. 왕을 정점으로 지배 계급인 양반이 있고 아래층에 피지배층인 중인, 평민, 천민이 있습니다. 평민은 직업에 따라 농민, 상인, 수공업자로 분류할 수 있습니다. 보통 백성이라 하면 평민을 말하는데, 이들은 지배 체제에 오롯이 순응하며 농사를 지어서 세금을 내고 특산물을 생산해서 바치며, 평소에는 성을 보수하거나 길을 닦는 공사에 동원되고 때때로 군사 훈련도 받다가, 전쟁이 나면 앞장서서 싸워야 했습니다. 권리는 없고 무거운 의무만 짊어지는 일상이 중세 백성의 삶이었습니다.

민본주의와 민주주의

조선 팔도 어디를 가든 양반들이 지역의 실권을 모두 틀어쥐고 있었습니다. 과거에 합격하여 중앙 관직으로 올라가기도 하지만, 그건 아주 소수의 이야기일 뿐입니다. 대부분은 자기 집안에서 과거 합격자가 나온 것을 자랑으로 삼고 유향소(고려 말부터 조선 시대까지 지방 군현의 수령을 보좌한 민간 자문 기관으로, 요즘 식으로 표현하면 향촌의 지방 자치를 담당했다)에 자리 잡고 앉아서 마을의 대소사를 자기들이 원하는 대로 끌고 갔습니다. 또한 양반은 경세석으로 시수, 그러니까 동네의 땅주인이었습니다. 농사지을 땅과 거기에서 생산된 산물이 다 자기 것이었다는 말입니다. 지주가 자기 땅을 늘리는 간척 사업에 농민을 마구잡이로 동원한 기록을 찾는 것은 그리 어려운 일이 아닙니다. 이처럼 백성은 지배층의 요구에 휘둘리며 살았습니다.

이런 상황에서 세종이 한글을 창제한 까닭이 정말로 백성이 스스로 깨우쳐서 나라의 주인이 되도록 하기 위해서였을까요? 그러니까 드라마 〈뿌리 깊은 나무〉에서 보여 준 것처럼 세종의 꿈은 민본주의였을까요? 혹은 민주주의를 이루려 했을까요?

민본(民本)주의와 민주(民主)주의가 비슷하게 들릴지 모르지만, 사실 둘은 완전히 다른 개념입니다. 민본주의는 지배자가 선한 마음으로 피지배층을 통치하겠다는 생각이고, 민주주의는 피지배층이 스스로 일어서서 신분제를 해체하고 누구든 평등한 국민이 되어 권리와 의무를 갖겠다는 생각입니다.

우리는 전통 문화와 가치를 긍정적으로만 이해하려는 경향이 있습니다. 민본주의에 과거 신분 사회에서 지배층이 피지배층을 보듬으며 안전한 삶을 제공하겠다는 좋은 뜻이 담긴 것도 사실입니다. 그러나 이는 어디까지나 과거에 한정된 이야기이며, 이 단어를 현대 사회의 민주주의 개념으로 확장할 수는 없습니다. 현대 민주주의에서는 국가의 주권과 권력을 국민이 갖고 있기 때문입니다. 그렇다면 세종은 과연 둘 중에 어떤 입장이었을까요?

봉건 군주 세종의 한계

2019년에 개봉한 영화 〈나랏말싸미〉는 한글 창제를 세종이 아니라 신미 스님이 주도한 것으로 그렸고 그로 인해 역사를 왜곡했다는 비난을 받았습니다.

영화에서 세종은 민주주의자로 등장합니다. 한글을 만들어서 양반 계급의 기득권을 부수고 백성을 주인으로 삼으려 한 왕으로 묘사됩니다. 그 과정에서 세종은 조선 건국 이후 힘을 잃고 이단으로 취급받던 불교 승려들과 한글을 만듭니다. 그리고 사대부의 반발을 무마하기 위해 한글 창제의 공을 유학자들에게 돌립니다. 영화는 이 과정을 비추며 세종이 조선 백성의 문자를 만들고, 언젠가 백성이 자신들의 언어로 자신들의 세상을 만들어 가는 미래를 꿈꿨다고 말합니다. 이처럼 최근의 역사 드라마와 영화에서는 세종을 점점 더 확신에 찬 민주주의자로 묘사하는 것 같습니다.

하지만 세종이 민주주의를 원했을 리 없습니다. 당연히 민주주의자였을 수도 없고요. 조선은 중세의 봉건 국가였고, 성리학에 근거한 철저한 신분 사회였습니다. 그리고 세종은 유교의 가치와 전통 사상을 마음속 깊이 새긴 인물로, 그 가치를 모범으로 삼아 홀

룡한 통치를 펼치고자 노력했습니다. 당연하죠. 그는 유교 국가의 왕실에서 태어나 평생 유학을 공부했고, 왕이 되어서는 함께 유학을 공부한 양반 사내부와 나라를 통치했습니다.

세종은 유교의 가치와 이상을 누구보다 잘 이해하고 누구보다 완벽하게 현실에 구현한 임금이라고 말할 수 있습니다. 다만 중세, 가부장제, 신분제 위에 세운 조선의 임금이었다는 점에서 한계도 분명합니다.

신분제는 조선 사회의 뿌리

세종이 신분제를 해체하려고 했을까요? 아닙니다. 오히려 신분제를 강화하고 안정적으로 유지하기 위해 노력했습니다. 단적인 예가 왕이 된 지 두 해 만에 실시한 '부민 고소 금지법'입니다. 세종은 하급 관리와 일반 백성이 상급 관리를 고소하던 관행을 금지했습니다. 계급 질서를 굳게 다지려고 아랫사람이 윗사람의 잘못을 따지지 못하게 만든 것입니다. 만약 이를 어기고 백성이 관리를 고발하면 고발한 백성을 곤장으로 다스리라고 명령했습니다. 많은 관료가 이 법의 시행을 반대했지만, 세종은 끝내 고집을 굽히지 않았습니다. 아랫사람이 윗사람을 고소하는 것은 유교 윤리를 거스르는 일이니까요. 각자가 자기 분수에 맞추어서 양반은 훌륭한 삶을 살고, 농민은 자기 의무를 다하고, 여성은 주어진 책무를 감당하는 것이 유교 사상에 부합하는 조화롭고 아름다운 사회입니다.

이 이야기를 듣고 "세종 때 노비였던 장영실이 관직을 받은 건 어떻게 설명할 건가요?"라고 묻는 사람도 있을 것입니다. 장영실은 예외입니다. 그나마 세종 시대였기 때문에 가능했던 일이며, 이후 조선 시대 전체를 통틀어도 비슷한 예는 손에 겨우 꼽을 수 있을 정도이니까요. 반대로 양반이 공을 세우면 그의 죽은 조상에게 줄줄이 관직을 준 경우는 셀 수 없이 많고, 심지어 임금을 기분 좋게 했다는 이유로 소나무에 관직을 주었다는 이야기도 있습니다.

세종 시기로부터 약 250년이 지난 조선 22대 임금 정조 때의 탁월한 실학자 정약용조차도 "백성이 전부 양반이 되면 나라에 이롭지 않다"라고 말했습니다. 당시 나라의 근간인 신분제가 흔들리며 노비 수가 줄어들던 문제를 지적하는 대목입니다. 개혁을 주장하는 실학자마저도 양반과 천인의 구분이, 사농공상의 신분이 조선을 지탱하고 있다고 생각했음을 잘 알 수 있습니다. 조선 후기의 인물도 이랬을 정도이니, 세종을 비롯한 조선 전기의 사람들이 신분제를 어떻게 받아들였을지 충분히 짐작할 수 있습니다.

확대 해석을 경계하라

한편 한글은 궁궐의 여성들이 많이 사용했습니다. 이들은 한글로 자신의 생각을 표현하고 자기만의 문체를 만들기도 했어요. 그렇다면 세종은 여성의 해방을 꿈꾸었을까요? 이 또한 아닙니다. 세종은 여성들이 글을 읽고 배움으로써 '유교적 여성다움'을 갖추

길 원했습니다. 세종은 『삼강행실도』라는 책을 편찬하고 보급했는데요, 이 책은 사람이 마땅히 따라야 하는 세 가지 가치를 설명합니다. 유교의 가치에 따라 '부모에게 효도하는 자식, 나라에 충성하는 신하, 남편에 복종하는 여성'을 기르자는 것이죠. 유교는 여성의 주체적인 삶이나 권리 등에 매우 보수적인 시각을 갖고 있습니다. 유교 경전인 『예기』「예운편」은 '대동 사회'라는 이상향을 보여 줍니다. 군주가 세습되지 않고 성인이 다스리는 사회를 설명하는데, 거기에서도 여성은 좋은 남편과 사는 게 최고의 복이라고 묘사할 정도입니다.

혹시 세종은 중국에 대한 사대주의를 극복하고 조선을 자주 국가로 만들려고 했을까요? 그래서 한자가 아니라 조선의 문자를 사용하려 한 것은 아닐까요? 과거에 거란이나 여진이 독자적 문자를 만들고 중국과 겨루던 것처럼 말이죠. 그랬을 가능성은 희박합니다. 조선은 명나라의 제후국으로 건국되었고 명과 같은 문명 국가가 되고 싶어 했습니다. 세종 또한 명과의 관계에 최선을 다했고, 군마나 여성 징발을 줄여달라고 요구할지언정 거절하거나 적대적 행동을 한 적은 단 한 번도 없습니다. 그는 다른 어떤 임금보다도 성실한 사대주의자였어요.

한글 창제는 조선의 통치 혁명

다시 한글 창제에 관한 이야기로 돌아가겠습니다. 양반 사대부가 한글 반포를 반대했다거나 이후 조선의 양반 관리들이 한글을 여성의 문자나 백성의 문자로 폄하했다고 알고 있는 사람이 많습니다. 특히 집현전의 책임자였던 최만리가 한글 반포를 반대하는 상소를 올린 이야기가 유명합니다. 하지만 조선 역대 임금의 주변에서 일어난 일을 자세히 기록해 놓은 『조선왕조실록』을 비롯한 여러 사료를 검토하면 의외의 장면이 펼쳐집니다.

양반과 관료들이 한글 사용을 반대하고 한글을 사용하는 백성을 핍박했다는 기록은 거의 없습니다. 최만리는 양반 사대부를 대표해 한 차례 상소를 올렸을 뿐입니다. 그 일로 하루 동안 투옥되었어요. 정창손이 한글 사용의 가능성을 비아냥거리다가 세종에게 비난을 받은 일도 있습니다. 또한 허조는 한글 사용의 위험성을 지적했습니다. 백성이 글을 알게 되면 똑똑해져서 신분 질서를 위협할 것이라고 걱정했죠. 한글을 반대한 예는 이 정도뿐입니다. 이에 대해 세종은 백성이 글을 알게 되면 법을 더 잘 지킬 것이니 걱정하지 말라고 반박했습니다.

오히려 한글 창제 이후에는 임금과 왕실의 다른 구성원들, 그리고 관료와 양반들이 한글을 활용해 유교의 가치관과 일상생활에 유익한 정보를 백성에게 전달하려 노력했다는 증거가 더 많습니다. 9대 임금인 성종 때는 왕이 직접 의학서 『향약집성방』을 한글로 번역하여 민가에 보급하라고 지시했고, 11대 임금인 중종 때는 왕의 업무를 돕던 홍문관에서 『소학』을 한글로 번역하여 백성을

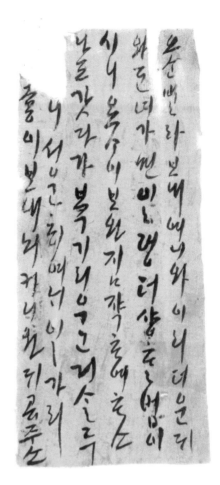

순천 김씨 언간 ©충북 대학교 박물관
16세기 후반의 묘에서 출토된 편지이다. "이렇게 더운데 다녀가면 몸이 더 상할 것이니 … 나도 갔다가 복길이가 우는 것을 그냥 두고 온 게 서운해서 내일 가야겠다"라고 가족을 그리워하는 내용이 적혀 있다.

바른길로 인도하자고 제안해 그대로 실행되기도 했습니다. 심지어 한글이 반포되고 겨우 3년이 지난 1449년에는 세종이 당시 74세이던 하연을 영의정에 임명하자 "어떤 사람이 언문(한글)으로 벽위에 '하 정승아, 또 공사를 망령되게 하지 말라'"라고 왕의 결정을 비난하는 벽서를 남겼다는 기록이 실록에 남아 있을 정도로 한글은 빠르게 보급되었습니다.

하지만 단지 이 정도입니다. 한글이 백성의 시민 의식을 고취하거나 혁명의 도구가 되지는 않았거든요. 백성들이 글을 쉽게 읽고 쓸 수 있다는 점에서 편리하긴 했지만, 사실 한글은 양반 사대부에게 훨씬 유용했습니다. 한글로 인해 한자의 지위가 위협을 받지도 않았고요. 엄밀하게 말해 한글은 조선의 양반 사대부가 백성을 통치하는 도구였습니다. 어려운 한자를 쉬운 한글로 번역하여 알리면 백성에게 지배 계급의 목소리를 쉽고 빠르게 전달할 수 있습니다. 한자를 사용하지 말아야 할 까닭도 없었습니다. 한글 창제 이후에도 세종 자신을 포함하여 지배층은 계속 한자로 생각하고 공부하며, 자신들의 생각을 한자로 기록했어요. 그러다 백성을 지도해야 할 때에만 일부 문서를 한글로 번역하는 수준이었죠. 이것이 신분제 국가 조선의 냉정한 현실이었습니다. 어리석은 백성을 위해 새로 글자를 만들었다는 의미가 생각했던 것과는 많이 다르죠?

일제 강점기, 오늘 우리의 한글을 만들다

한글이 한민족의 언어가 된 것은 일제 강점기라는 특수성, 그리고 주시경부터 시작된 한글 운동의 결과입니다. 20세기 초반, 일본의 침략으로 나라가 사라진 상황에서 어떻게 하면 민족을 지킬 수 있을지가 참으로 중요한 문제였습니다. 이때 한글 사용을 통해 민족 정체성을 지키고자 했던 것이죠.

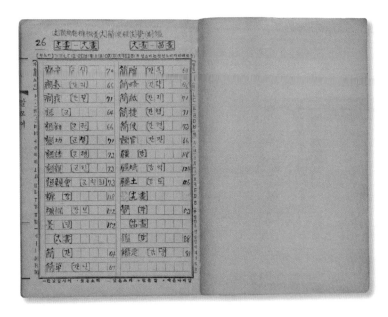

말모이 원고 ©문화재청
주시경 선생이 중심이 되어 1911년경 쓴 것으로, 사전 편찬을 위해 특별히 제작한 240자 원고지에 붓
글씨로 기록했다.

미국인 선교사 호머 헐버트는 영어에 착안해서 띄어쓰기와 마침표, 느낌표 같은 문장 부호의 사용을 제안했고, 독립 협회가 발행한 『독립신문』에 띄어쓰기가 반영됩니다. 주시경은 근대적 문법 체계를 확립했고 여기에 더해 최현배, 이극로, 이희승 등 수많은 한글 학자들이 조선어 연구회, 조선어 학회를 결성해서 표준어, 맞춤법, 외래어 표기법 등 한글 사용의 표준을 확립합니다. 이런 노력은 1945년 해방 이후 지금까지 계속되고 있습니다. 한글 학회가 『큰사전』(1957년)을 펴낸 지 34년 만에, 그보다 앞선 1929년 조선

어 학회가 『조선말 큰사전』을 편찬하기 위해 자료를 모으기 시작한 이후 무려 62년 만인 1991년 마침내 『우리말 큰사전』이 완성되었습니다. 그사이 한글은 국한문 혼용에서 한글 전용으로, 세로쓰기에서 가로쓰기로 바뀌었습니다.

지난 100년은 한글이 한민족의 언어로, 대한민국의 언어로 정착하는 치열한 분투기였습니다. 지나치게 세종을 미화하고 양반 사대부는 비난하는 것은 정말 엉뚱하고 의미 없는 논쟁 같아요. 또한 한글이 오늘 우리의 언어가 된 것을 전부 세종의 공으로만 돌리는 것도 한글의 역사를 이해하는 데 그다지 유익하지 않을 듯합니다.

일기에 남아 있는 이순신의 속마음

→ 깊이 보면
비로소 들리는 이야기들

역사의 도시 서울

'서울로 7017'을 아나요? 서울역 서쪽의 만리재 고개에서 시작해 중림동과 봉래동을 거쳐 명동 방향으로 향하던 과거의 '서울역 고가 도로'를 시민들이 걸어 다닐 수 있는 공원으로 조성한 일종의 공중 정원입니다. 이 길을 걷다 보면 빽빽한 고층 빌딩 사이로 남대문이 나타납니다. 남대문의 정식 이름은 숭례문으로, 예절을 높인다는 뜻을 가진 한양 도성의 남문입니다. 조선은 한양 도성의 지명을 정할 때 유교의 중요한 다섯 가지 덕목인 인의예지신을 활용하였고, 그 결과 한양 도성의 동문에는 흥'인'지문, 서문에는 돈'의'문, 남문에는 숭'례'문이라는 이름이 생겼습니다.

우리에게 남대문은 참 익숙합니다. 오랫동안 국보 1호라고 외웠고 텔레비전을 틀든 교과서를 펴든 어디에서나 쉽게 볼 수 있습니다. 2008년에 방화로 인해 불에 타서 다시 지은 적도 있지만, 1394년 조선의 한양 천도 이후 600년 이상 서울 한가운데를 꿋꿋하게 지킨 가장 익숙한 문화재입니다.

그런데 서울로 7017에서는 가끔 낯선 광경을 볼 수 있습니다. 외국인 관광객들이 이곳에서 "판타스틱"을 연발하며 남대문을 배경으로 사진을 찍거든요. 남대문 자체가 풍기는 멋스러움과 아름다움도 있지만 첨단 도시의 현대 건물들 사이에 600년 전에 지은 건축물이 자연스럽게 어우러져 있는 모습이 독특하고 신기해서 사진을 찍는다고 합니다.

도시를 바라보는 관점이 서로 다른 것 같습니다. 우리는 유럽에 가서 중세의 도시가 원형에 가까운 형태로 유지되고 있는 것을 보고 경탄하곤 합니다. 그리스 로마 양식의 건축물이 촘촘히 이어지는 시가지를 바라보며 '어쩜 이렇게 아름다운 건물이 많이 남아 있을까'라고 부러워하곤 하죠. 하지만 외국인은 반대로 생각하는 것 같습니다. '한국에 가면 최첨단의 도시를 걷다가도 불쑥불쑥 튀어나오는 전통 건축물을 볼 수 있어! 그게 참 매력 있어.' 똑같은 것을

서울 남대문 일대 ⓒ셔터스톡

봐도 서로 다른 감정을 느낄 수 있다는 사실을 새삼 깨닫게 됩니다.

어느새 너무 뻔한 성웅 이순신

이순신 장군의 이름을 들으면 뭐가 떠오르나요? 나라를 구한 영웅, 불세출의 전략가, 백전무패의 신화. 어떻게 부르든 그 이름을 듣고 드는 생각은 비슷할 것입니다. 이순신을 다룬 수많은 드라마와 영화가 그에 대한 천편일률의 인상을 만들었다고 할 수 있습니다. 영화 〈명량〉과 드라마 〈불멸의 이순신〉 같은 작품이 대표적입니다. 하지만 드라마와 영화가 이순신에 대해 새로운 사실을 보여 주었다고 말하기는 어려워요. 그보다는 그동안 만들어진 위인의 전기를 재현했다고 볼 수 있겠죠.

통상 임진왜란과 정유재란 당시 이순신 장군의 활약을 설명할 때 네 번의 전투를 기준으로 합니다. 처음 출전하여 승리한 옥포 해전(1592년 5월 7일), 남해의 제해권을 장악했을 뿐만 아니라 임진 왜란 전체를 통틀어 최대의 승리를 거두고 왜군 육군의 북상을 막은 한산도 대첩(1592년 7월 8일), 그리고 삼도 수군통제사로 복귀하여 압도적인 전력 차이를 극복하고 승리한 명량 해전(1597년 9월 16일), 마지막으로 도요토미 히데요시가 죽은 뒤 조선에서 철수하는 왜군과 벌인 최후의 전투 노량 해전(1598년 11월 19일)입니다.

지금 여러분은 머릿속으로 학의 날개처럼 도열한 판옥선과 적함을 향해 맹렬하게 돌진하는 거북선을 떠올리고 있을 테지요. 당시 왜군 수군은 빠른 속도로 배를 몰아 적선에 접근하는 전술을 사용 했습니다. 조총을 쏘며 접근한 뒤 가까이에서 갈고리를 던져 적선을 꽁꽁 묶은 다음 병사들이 건너가 칼싸움을 벌였습니다. 신무기 인 조총과 백병전에서 위력을 발휘하는 기다란 일본도의 특징을 적절하게 결합한 전술입니다. 더구나 일본은 전국 시대 약 100년 간 전쟁을 겪으면서 무사들이 전투에 단련되어 있었습니다.

이에 비해 조선은 오랫동안 전쟁이 없는 평화의 시기를 보냈습 니다. 그래서 다수의 병사가 1년 중 두 달은 군인으로 일하고 나머 지 열 달은 집으로 돌아가 농사를 지었다고 합니다. 평화의 시기에는 전쟁 준비보다 먹을 음식과 입을 옷을 구하는 게 더 중요하기 때문입니다. 그런데 별안간 전쟁이 시작되었으니, 조선군은 왜군을 막을 수 없었고 불과 20일 만에 한양 도성까지 빼앗기고 맙니다. 조선의 임금 선조는 평양으로, 그다음엔 의주로, 계속해서 북쪽으로 도망쳤습니다. 이때 한산도 앞바다에서 이순신이 대승을 거둡니다. 왜군 수군은 서해 바다를 통해 육군에게 무기와 식량을 전달할 계획이었습니다. 그런데 이순신이 남해에서 바닷길을 딱 끊어 버린 것입니다. 그러자 평양까지 진격했던 왜군 육군은 더 이상 북쪽으로 나아갈 수 없었고, 그사이 조선군은 전열을 가다듬고 반격을 시작했습니다.

생각을 바꾸니 역사가 달라졌다

당시 일본 배는 바닥이 삼각형처럼 뾰족했고, 조선의 주력인 판옥선은 바닥이 평평한 이층 구조였습니다. 판옥선은 연근해를 다니기 위해서 만든 배라서 짐을 싣거나 안정적으로 이동하는 데는 유리하지만 일본 배에 비해 속도가 느릴 수밖에 없었죠. 그런데 이순신은 판옥선의 약점을 거꾸로 장점으로 활용합니다. 배에 천자총통, 지자총통 같은 대형 화포를 싣고 원거리 타격 전법을 구사한 거예요. 오늘날 우리가 생각하는 대포는 펑 쏘면 멀리 날아가서 폭발하는 형태잖아요? 포탄이 터지면서 발생한 파편으로 적을 파괴하는 모습을 상상합니다. 하지만 이 시기만 하더라도 대포는 그저 멀리 날아가서 콱 박히는, 강력하긴 하지만 활에 비해 실용성이 아주 크지 않은 그저 그런 무기에 불과했어요. 커다란 포탄이나 대형 나무 살을 멀리 쏘아 보내기 때문에 단단한 물체를 뚫거나 부술 수는 있지만 살상력은 크지 않았습니다.

그런데 이순신은 판옥선에 대포를 싣고 학익진을 펼쳐 한산도에서 일본군을 상대했어요. 빠른 속도로 근접전을 펼치려는 일본 수군을 원거리에서 포위하고 대포를 쏴서 적선에 구멍을 뚫어 타격을 입히는 전법이에요. 그런 다음 거북선을 비롯한 전선이 활과 화포를 쏘며 돌진해서 적의 배를 부수는 방식으로 왜군의 조총과 장검을 무력화했어요. 판옥선이나 화포, 심지어 거북선조차 조선 전기에 만들어진 무기였어요. 조총 같은 최신 무기가 아니었죠. 하지만 이순신은 사고의 전환을 통해서 약점을 강점으로 바꾸고, 그저 그런 무기를 최강의 무기로 만들었습니다. 판옥선이 느리고 무겁기 때문에 대포를 실을 수 있다고 생각했고, 대포는 빠른 적을 멀리서 타격할 비기로 탈바꿈했어요. 대단한 생각의 전환을 이루어 낸 것입니다.

일기에 남아 있는 영웅의 속마음

이순신의 공적을 칭송하고 그의 인품과 능력을 칭찬하는 말을 자주 들었을 것입니다. 무패의 용장에게는 당연한 일이지요. 게다가 전쟁에서 나라를 구했으니 영웅을 넘어 성웅이라고 부르기도

〈조선 수군 해진도〉 ⓒ국립 중앙 박물관

합니다. 드라마나 영화에서는 이순신을 말없이 고통스러운 현실을 인내하고, 홀로 위기와 책임을 견딘 사람으로 그립니다.

그런데 이순신이 직접 쓴 『난중일기』를 보면 우리가 알던 모습과는 완전히 다른 모습이 곳곳에서 튀어나옵니다. 일기 속에서 그는 "쓴웃음이 나왔다", "걱정스러웠다", "괘씸하여 말하기조차 싫다", "분하고 분하다", "애통하고 애통했다"라고 서슴없이 감정을 표출합니다. 강력한 적을 상대해야 하는데 아군은 약하고, 장수들은 적을 두려워하며, 백성들은 도망칠 궁리만 하고 있으니 답답하고 화가 났던 것입니다. 경상도의 수군을 지휘하는 원균에 대한 분노도 여러 번 등장합니다. "술주정이 심하기 이를 데 없다", "그 망령된 짓을 차마 입에 올릴 수 없었다", "그의 계략이 우습기 짝이 없다", "흉악하고 남을 속이는 말을 했다", "지극히 해괴했다", "가소로웠다" 등등 원균을 이야기할 때마다 거친 말을 쏟아 냅니다.

그중에서도 명량 해전과 관련된 글을 보면 정말 인상적입니다. 명량 해전 하면 무엇이 떠오르나요? 보통 배가 12척밖에 남지 않은 상황에서 울돌목의 물 흐름을 잘 이용해서 기적처럼 승리한 '전쟁의 신' 이순신을 기억합니다. 하지만 『난중일기』에 기록된 당일 이순신의 고뇌는 전혀 다른 데 있었습니다. 명량 해전 때 이순신을 괴롭힌 것은 물자 부족이나 전술의 한계가 아니었어요. 이순신은 이미 무너져 버린 마음과 싸우고 있었습니다. 명량 해전 직전에 조선 수군 전체가 궤멸을 당한 칠천량 해전이 있었잖아요? 이순신이 쫓겨나고 군권을 장악한 원균이 수군을 이끌었는데 결과는 참담했습니다.

'아, 안 되는구나. 적이 너무 강하다. 이순신 장군이 돌아왔다고는 하지만 무슨 수를 써서 이길 수 있단 말인가.' 이순신이 복귀했음에도 당시의 전반적인 분위기는 절망적이었습니다. 칠천량 해전에서 워낙 크게 패배했기 때문에 전의를 상실한 것이죠. 『난중일기』를 보면 "여러 장수가 양쪽의 수를 헤아려 보고는 모두 도망갈 꾀만 내고 있었다", "온 배에 있는 사람들이 서로 돌아보며 얼굴빛이 하얗게 질려 있었다"라고 기록되어 있습니다. 놀랍게도 『난중일기』에는 명량 해전의 전략이나 전술에 관한 내용은 나오지 않습니다. 아무리 훌륭한 전략이 있더라도 전략을 수행할 의지가 없으면 소용없잖아요?

그날의 기록을 보면 도망가는 배의 장수들을 설득하느라 정신없는 이순신을 발견하게 됩니다. 장군선을 몰고 먼저 나가서 싸우고, 장수와 병사들을 설득하고 독려하던 중에 왜장 마다시를 죽이면서 승기를 잡았습니다. 이후 이순신의 분전에 감명한 조선 수군은 열세를 극복하고 적선 31척을 부수는 승리를 거둡니다. 이를 두고 이순신은 "이번 일은 참으로 하늘이 도우셨다"라고 씁니다. 어려운 상황에서 기지를 발휘했는데 그게 통했다라는 식의 소회가 아니라, 마음이 무너진 사람들을 설득해서 큰 승리를 거두었다는 말입니다.

하지만 얼마 후 비보가 전해집니다. 다른 전장에서 싸우던 막내 아들 면이 죽었다는 소식입니다.

▶ 『난중일기』 1597년 10월 14일의 기록

내가 죽고 네가 사는 것이 이치에 마땅한데, 네가 죽고 내가 살았으니 어쩌다 이처럼 이치에 어긋났는가? 내 아들아! 나를 버리고 어디로 갔느냐! 나는 이제 세상 누구에게 의지할 것이냐! 마음은 죽고 껍데기만 남아 울부짖을 따름이다.

이순신의 최후에 대해서는 어떻게 알고 있나요? 노량 해전 당시 갑옷을 입지 않고 출전했다 총탄에 맞아 전사했지요. 이를 두고 왜 갑옷을 입지 않았는지에 대해 논란이 벌어졌습니다. 그런데 『난중일기』를 꼼꼼히 보면 이순신에게 가장 큰 비극은 아들의 죽음이었던 것 같아요. 아들의 죽음 이후 일기의 대부분이 이와 관련된 고통의 기록들로 채워져 있거든요.

『난중일기』를 곱씹어 읽으면 이순신의 자의식을 엿볼 수 있습니다. 이순신에 대해 누군가가 한 생각이 아니라 인간 이순신 그 자체를 말이죠. 오랫동안 형성되고 누적된 대중의 기대가 만들어 낸 영웅의 이미지 말고, 지극히 주관적이며, 당시의 시대 상황을 마주하고 해답을 찾고자 몸부림친 한 인간의 내밀한 의식을 발견할 수 있다는 말입니다. 이처럼 이순신을 이해하는 방식을 바꾸면 통념과는 다른 결론에 도달하게 됩니다.

전쟁의 흔적을 다시 살펴보자

관점을 바꾸면 전혀 다른 것이 보입니다. 생각해 봐요. 임진왜란은 무려 7년간 이어졌고 일본군을 몰아냈다고는 하지만 엄청난 피해를 입었잖아요. 이 와중에 수많은 사람이 일본으로 끌려갔습니다.

그들은 어떻게 되었을까요? 일부는 조선으로 돌아왔지만 일부는 평생을 노예로 살았습니다. 하급 무사가 된 남자도 있었고 일본인 하급 무사와 결혼한 여성도 있었습니다. 또한 마닐라 같은 동남아시아의 노예 무역 도시로 끌려갔다가 다시 유럽으로 팔려 간 사람도 있습니다. 그들은 조선인으로 태어나서 포르투갈이나 네덜란드에서 인생의 마지막을 맞았습니다.

최근에 조선인 포로에 관한 연구가 많이 진행되었습니다. 일본의 신사나 절에서 조선인 포로에 관한 사료가 발견되었고, 심지어 이탈리아 노예 시장 장부를 확인해 본 연구자도 있습니다. 임진왜란이 일어나기 수십 년 전에 유럽에서는 대항해 시대가 시작되었습니다. 15세기 말~16세기 초에 유럽은 아프리카 최남단의 희망봉을 돌아 인도와 동남아시아로 향하는 항로를 발견했고, 이후 포르투갈과 네덜란드 상인이 동남아시아로 몰려왔습니다. 곧 동남아시아 여러 도시에 커다란 시장이 생겼고, 이곳에서 유럽 상인들은 일본에 조총과 발명품을 판 대가로 은을 받아 그것으로 중국의 도자기와 비단을 사서 유럽으로 가져갔습니다. 그리고 이때 조선인 포로도 거래되었습니다.

임진왜란을 세계사의 시각에서 다시 본다면 그 여파가 어느 곳에까지 닿았는지, 또한 전쟁에 휩쓸린 평범한 민중의 삶은 어떻게 바뀌었는지 알 수 있습니다. 이를 통해 전쟁의 양상을 재구성할 수 있고, 새로운 관점으로 새로운 드라마와 영화를 만들 수도 있을 것입니다. 서로 다른 관점은 서로 다른 방식으로 과거를 보게 하고, 그렇게 역사를 공부하면 교과서에서 배운 결론과는 다른, 인터넷에서 구한 정보와도 다른 결론에 도달할 것입니다. 이를 통해 그동안 보지 못했던 새 역사를 밝힐 수도 있을 것입니다. 다른 관점을 갖고, 다른 방식으로 깊이를 추구한다면 말입니다.

고려는 정말 남녀 평등 사회 였을까?

→ 해석은 언제든 바뀔 수 있다

독립운동을 한 여성들

2019년은 3·1 운동 100주년이자 대한민국 임시 정부 수립 100주년이라 뜻깊은 일들이 많았습니다. 여성 독립운동가에 대한 관심도 커졌습니다. 그동안 독립운동사를 이야기할 때면 주로 남성들의 삶과 투쟁을 중심에 놓았습니다. 남성만 독립운동을 한 게 아닌데도 유관순 열사를 제외하면 온통 남자뿐이었죠.

이제라도 여성 독립운동가를 생각하게 된 건 중요한 일이에요.

독립운동을 어떻게 남자 혼자 할 수 있겠어요. 식민지 조국의 해방을 위해 혈혈단신 만주로, 연해주로, 미주로 향한 독립운동가도 있지만 온 가족이 함께 참여한 경우도 많습니다. 아들이나 남편이 독립운동에 뛰어들면 그들을 지원하며 자식을 양육하는 일이 오롯이 여자 몫이 되던 상황도 고려해야 합니다.

영화 〈암살〉에서 배우 전지현이 연기한 인물의 실제 모델인 독립운동가 남자현은 대표적인 여성 독립운동가입니다. 그는 시아버지, 남편과 함께 만주로 가서 독립군에 합류했습니다. 김규식의 아내인 김순애는 3·1 운동을 전국 단위의 운동으로 조직하는 데 중요한 역할을 하는 등 남편 못지않게 저명한 독립운동가였습니다.

한편 일본으로 가 있던 조선인 유학생 사이에서는 여권(女權) 사상에 대한 인식이 높았습니다. 3·1 운동이 시작되기 직전에 일본 도쿄에서 조선인 유학생이 2·8 독립 선언을 발표할 때 김마리아와 황애덕을 비롯한 여성 유학생들의 활약이 대단했습니다. 그럼에도 대표단이 남학생들로만 구성되자 여학생들이 강하게 반발했죠. "수레도 두 바퀴로 구른다! 여학생을 대표단에 넣어라"라고 요구했어요. 하지만 남학생들은 받아들이지 않았습니다. 이후 김마리아는 2·8 독립 선언문을 국내로 몰래 가져와 3·1 운동이 전국으로 확산되는 데 큰 역할을 했습니다.

미국 로스앤젤레스에서 독립운동가 김마리아(왼쪽)와 차보석 ⓒ독립 기념관

최초의 여성 의병장 윤희순

여성 독립운동가에 대한 관심이 커지는 가운데 최초의 여성 의병장 윤희순이 주목을 받았습니다. "여성은 몸이 약하고 체력이 부족해서 무장 투쟁을 못 한다고? 틀렸다! 윤희순은 의병장이 되어서 항쟁을 주도했다!" 여기에 윤희순은 말을 잘 타고 총도 잘 쏘았

다는 식의 상상이 덧붙기도 했습니다. 실제로 윤희순은 여덟 편의 의병가와 네 편의 경고문을 직접 쓰는 등 1895년 을미의병과 1907년 정미의병 때 중요한 역할을 했습니다.

그런데 그는 화서학파 유인석의 조카인 유재원의 아내입니다. 뜬금없이 왜 족보 얘기를 꺼내느냐고요? 화서학파는 이항로 계열의 유학자들을 말하는데, 이들은 구한말의 대표적 위정척사파입니다. 개화에 반대하고 성리학에 근거한 전통 사회를 유지하는 것이 화서학파의 목표였습니다. 유인석은 조선 왕조를 다시 일으켜 세우기 위해 의병 운동을 일으켰습니다.

윤희순 자신도 가족의 영향을 받아 유교적 질서에 순응하고 가부장제를 받아들였습니다. 의병 운동에 나선 이유도 나라가 망하면 유교 질서의 근간이 무너지고, 그렇게 되면 전통이 무너지기 때문이었죠.

여기에서 고민이 생깁니다. 우리는 윤희순의 삶을 어떻게 이해해야 할까요? 독립운동에 적극적으로 참여한 여성이지만, 전통적인 세계관을 가진 봉건적 여성이었으니까요.

1. 일제에 항거한 위대한 여성이다. 여성의 주체성은 당시 상황과는 무관한 개념이다.
2. 일제에 항거했다는 측면은 인정한다. 하지만 전근대적 세계관에 갇혀 있었다.

3. 여성의 주체성을 자각하지 못했다. 따라서 성 역할이 과대평가되었다.

평가에 정답은 없습니다. 다만 한 인간의 삶을 다양하게 평가할 수 있다는 것, 그리고 평가의 기준이 여러 가지라는 것을 인식할 필요는 있겠죠.

고려 시대는 남녀 평등 사회였다고?

고려 시대에는 남녀가 평등했다는 이야기를 들어 봤을 것입니다. 한국 사회는 지금도 가부장적이고 남성 중심적인 문화가 강합니다. 2005년까지 부부가 이혼을 하면 남편은 이튿날 재혼할 수 있지만 아내는 6개월간 재혼할 수 없었고, 가족을 아버지에서 아들로 이어지는 남계 혈통으로 한정하던 호주제가 폐지된 게 고작 2008년입니다.

그런데 의외로 율곡 이이의 어머니인 신사임당은 생애 대부분을 친정에서 보냈습니다. 그때까지 시집살이가 당연한 일이 아니었다는 뜻이죠. 남성·장남 중심으로 족보를 쓰는 관습도 17세기에나 자리 잡았습니다. 반면 고려 시대와 조선 전기에는 여성의 삶이 상당히 자유로웠습니다. 제사도 지낼 수 있고, 재산도 남자 형제와 똑같이 상속받았으며, 재혼도 가능했습니다. 남녀를 불평등하게 대우하고 남성 중심의 강력한 가부장 문화가 만들어진 것은 조선 후기의 일이고, 이것이 일제 강점기를 지나며 더 심화됐습니다.

〈고려 부부의 초상〉 ⓒ국립 중앙 박물관

　　이런 이야기가 한국사 교과서에 실리고 사람들에게 회자되면서 눈덩이처럼 과장되기 시작합니다. 그러더니 아예 고려는 남녀가 평등한 사회였다고 알려졌습니다. 언뜻 보면 맞는 말 같아요. 조선 시대, 특히 조선 후기와 달리 여성의 권리가 보장되고 보호되었으니까요. 또한 성리학을 비롯한 유교 문화의 영향도 상대적으로 약했습니다. 하지만 조금 더 나은 정도였지 평등이라고 부를 수는 없습니다.

여러 개의 정답이 필요한 이유

고려를 남녀 평등 사회로 보는 것은 당시 상황을 지나치게 단순화한 결과입니다. 여성이 제사를 지냈다는 말은 유교 윤리가 생활 윤리로 정착되지 않았다는 증거가 되기도 하지만, 동시에 제사라는 유교 예식이 사회에 널리 퍼졌다는 사실을 보여 주기도 합니다. 사위가 처갓집 제사를 대신 지냈다는 말은 고려 시대가 문벌 귀족의 시대였다는 것을 의미하죠. 소수의 특권 가문이 나라 전체를 좌지우지하고 과거 시험을 보지 않고도 관료가 될 수 있었던 고려 특유의 귀족 문화와 관련해서 이해를 해야 합니다. 남녀가 재산을 똑같이 상속받은 것도 지배층에만 해당하는 이야기입니다. 고려의 지배층은 재산과 권력을 계속 독점하기 위해 친족 간 결혼을 많이 했습니다. 이때 여성의 경제적 지위는 중요한 문제입니다. 남녀에게 똑같이 상속하는 것이 집안의 재산과 권력을 보존하는 데 유리했고, 여성의 재혼도 재산을 보존하는 방법으로 고려된 것입니다. 이처럼 일부 지배층 안에서 발생한 사례를 근거로 조선 시대에 비해 고려 시대의 여성이 행복했다고 말하는 것은 과한 해석입니다. 생각보다 복잡한 문제들이 얽혀 있죠? 더구나 일부 지배층의 사례로 여성 전체의 삶을 평가하는 것 자체가 어불성설입니다.

평등이라는 개념에 대해 좀 더 깊이 이해할 필요가 있습니다. 혹시 모계 사회, 모권 사회라는 말을 들어 봤나요? 둘은 문화 인류학의 중요한 개념입니다. 인류 역사에서 선사 시대나 문명의 초기 단계에 세계 각지에 모계 사회가 존재했다는 것은 널리 알려진 사실입니다. 모계 사회는 여성을 중심으로 혈통이 계승되는 것을 말합니다. 원시 부족 사회에서 모계는 흔했습니다. 신라에 여왕이 세 명 있었던 것이나 일본은 여성 천황이 상당히 많았던 예도 모계 사회의 유형으로 볼 수 있죠. 그런데 유교나 기독교 같은 종교가 등장하면서 남녀 불평등이 강화되고 고대에 비해 중세가 훨씬 가부장적인 사회가 되었다고 생각하는 경우가 있습니다.

문제는 모계 사회가 모권 사회는 아니었다는 겁니다. 집안의 혈통은 여성의 가계를 따라 계승되더라도 권력은 그렇지 않았으니까요. 일본의 경우 여성 천황이 여럿 있었지만 자세히 살펴보면 치세 기간에 아버지나 남성 형제가 실권을 장악했습니다. 단지 권력을 잡기 위해 여성을 앞세웠을 뿐이지요. 여성이 권력을 장악하거나 혹은 남성과 여성이 대등하게 서로 존중한 예는 인류사에서 찾기 힘듭니다.

남녀 평등은 무슨 뜻일까요? 남성과 여성이 동등한 권리를 가져야 한다는 말이죠. 그렇다면 동등한 권리는 무엇인가요? 정치에 참여할 권리, 직업이나 취향을 선택할 권리, 그리고 경제적으로도 사회적으로도 차별받지 않을 권리입니다. 이런 기준으로 따진다면 조선이나 고려는 물론이고, 인류사 전반에 남녀가 평등했던 적은 한순간도 없습니다. '여성의 주체성'을 말하기 시작한 게 18세기 후반이고 '평등'이라는 개념도 근대적 사고의 결과물입니다.

단지 고려는 남녀 평등 사회가 아니었다고 말하고 싶은 게 아닙니다. 역사의 한 면만 생각하고 쉽게 결론을 내리면 잘못된 해석에 두닥학 위험이 크다고 경고하려는 것입니다.

이리 보고, 저리 보고, 비틀어 보기

조금 다른 이야기를 해 볼게요. 광개토 대왕을 잘 알고 있죠? 드넓은 만주를 호령하며 고구려의 전성기를 이끈 왕이에요. 고구려는 4세기 소수림왕 때 불교를 공인하고 율령을 반포하고 태학을 세우면서 고대 국가의 기틀을 마련했습니다. 이를 기반으로 5세기 광개토 대왕 때 과감하게 정복 전쟁을 시작했습니다. 요동 일대의 지배권을 확보하고 만주 대부분을 점령한 것은 물론 한반도에도 강력한 영향력을 행사합니다. 백제를 두 차례 굴복시켰고 신라를 보호한다는 명분으로 왜와 가야를 무찌르고 신라를 사실상 속국으로 만들었습니다.

우리는 광개토 대왕의 성과를 "위대한 업적"이라고 부르며 "대왕"이라는 호칭을 붙였습니다. 고구려가 전성기를 맞아 동북아시아의 패자로 거듭났으니, 이 이야기를 들을 때마다 민족에 대한 자부심이 샘솟습니다. 그러면서 만약 신라가 아니라 고구려가 삼국을 통일했다면 한반도와 만주를 아우르는 넓은 영토를 가지게 되었을 것이라고 아쉬워합니다.

이 또한 따져 볼 문제입니다. 광개토 대왕이 이룬 일에 무조건

환호만 한다면 그것은 역사 해석이 아니라 감상에 불과하니까요. 우선 "동북아시아의 패자로 거듭났다"라는 주장은 비판을 많이 받습니다. 고구려는 요동 지방에서 중국 동북부의 일부 세력과 싸워서 승리를 거둔 것이지 중국 전체나 돌궐 같은 유목 민족의 패자와 전면전을 벌이지 않았습니다. 따라서 광개토 대왕을 천하를 다스린 패자로 묘사하는 것은 과도한 해석입니다. 광개토 대왕의 성공에 그의 비범한 리더십도 한몫했지만 당시 중국이 5호 16국 시대의 혼란에 빠져 있었다는 점이 더 중요한 배경입니다. 이때 요동을 지배하던 후연이 북위에 패배하면서 때마침 고구려가 세력을 확장할 기회를 잡을 수 있었습니다.

그럼에도 광개토 대왕이 우리 역사상 전무후무한 성과를 거두었다는 점은 분명합니다. 주변 상황이 유리하다고 누구나 다 성공하는 것은 아니니까요. 기회를 잘 포착하고 적극적으로 대응한 것 자체로 대단한 능력입니다. 그 결과 고구려는 중국과 돌궐 사이에서 '대등 외교'를 펼칠 수 있었습니다. 하지만 동북아시아를 호령하는 패권 국가라는 발상은 매우 감상적이며 지나치게 주관적인 해석입니다.

그런데 드넓은 만주 벌판을 호령했던 역사가 오늘 우리의 민족적 자부심과 무슨 관련이 있을까요? 고구려는 고대 국가입니다. 국왕과 소수의 귀족이 나라를 다스리며 밖으로 정복 전쟁을 벌이면 전쟁터로 끌려간 수많은 병사는 고향으로 돌아오지 못했을 텐

아프라시압 벽화
우즈베키스탄공화국 사마르칸트시 아프라시압 언덕의 궁전 유적에서 발견된 7세기 초 벽화이다. 모자에 깃털을 꽂고 허리에 환두대도를 차고 있는 고구려 사신(맨 오른쪽 붉은 선으로 표시한 두 명)이 보인다.

데, 왜 여기에 자부심을 느껴야 할까요? 전쟁으로 인한 비극을 생각해 본다면 광개토 대왕의 성취를 민주공화국 대한민국의 자랑스러운 역사로 해석하는 게 과연 정당할까요?

　역사 속의 성과를 무작정 대단한 일로 대하는 태도는 훌륭한 '해석'이 아닙니다. 물론 제 말이 무조건 옳다고 할 수도 없습니다. 그렇기 때문에 각자가 근거와 이유를 찾아서 역사적 사실에 대한 타당한 해석을 만들어 나가는 과정이 필요합니다. 내 주장에 반론과 비판이 제기된다면 어떤 주장이 더 설득력 있고 타당한지를 따져 보면 됩니다. 그 과정을 통해 더 나은 해석을 만들 수 있습니다.

역사적 사실을 찾는 학문적 노력은 역사학자의 몫이지만 수많은 역사 이야기 속에서 상상을 하고 현재의 문제를 비추어 보고 미래를 설계하는 과정은 누구나 할 수 있는 일입니다. 그러니 대충 생각하지 말고, 꼼꼼히 의심하고 되물어 보는 과정이 중요합니다.

국립 현충원에 친일파 묘가 있다고?

→ 정답이 아니라 더 나은 생각을 찾는 과정

국립 현충원 안장 논란

2020년 7월 10일 논란의 인물이 사망했습니다. 그를 국립묘지에 안장할지 말지를 놓고 논쟁이 벌어졌습니다. 그의 이름은 백선엽입니다. 백선엽의 국립묘지 안장에 대한 반응은 정확히 둘로 나뉩니다. 한쪽에서는 "만주에서 간도 특설대로 복무하며 독립군을 탄압한 친일파를 어떻게 독립운동가들 옆에 안장할 수 있느냐"라고 비판했고 다른 쪽에서는 "6·25 때 나라를 구한 영웅이니 대우하는 게 당연하다"라고 응수했습니다.

　두 주장은 모두 근거를 갖고 있습니다. 우선 백선엽의 친일 경력은 역사적 사실입니다. 1920년생인 그는 평안도 출신으로 평양에서 공부를 했고 사범 학교를 졸업한 뒤 교사가 되었습니다. 그리고 1940년대 초반에 만주국 군관 학교에 입학하여 하급 장교가 됩니다. 교사였던 그는 왜 갑자기 군인이 되었을까요? 시대 배경이 한몫한 것 같아요. 1930년대를 지나며 일본은 전쟁 국가로 변했습니다. 1931년에는 만주를 점령했고 1937년에는 중일 전쟁을 시작했으며, 1939년부터는 동남아시아로 진출합니다. 그리고 1941년에는 진주만을 폭격하면서 미국을 상대로 태평양 전쟁을 일으킵니다. 초반의 전세는 승승장구였습니다. 그러자 군인의 위상이 높아지며 사람들이 선망하는 직업으로 부상했죠. 이 시기에 일제의 군인이 된다는 것은 엄청난 출셋길이었습니다. 비단 백선엽뿐 아니라 식민지 조선의 많은 청년이 일본군에 자원하고 만주로 가서 장교가 되었습니다.

　일종의 기회주의적 선택이라고 할까요? 태어나 보니 일제 시대이고, 독립운동을 할 용기나 배짱은 없는 상황. '나 자신을 위해, 그리고 가족을 먹여 살리기 위해 남들이 선망하는 직업을 얻고 출세를 꾀하는 게 무슨 문제가 되겠어. 조선이 식민지가 된 게 내 책임은 아니잖아?' 당시를 회고한 백선엽의 일본어판 자서전에는 이런 생각이 가득 차 있습니다.

간도 특설대 장교 백선엽

백선엽은 1943년부터 일제가 패망할 때까지 간도 특설대에서 복무했습니다. 그리고 이 경력이 평생 그를 쫓아다니죠. 그를 변호하는 사람도 간도 특설대에 복무한 것을 부정하지는 못합니다. 다만 "독립군을 공격하지는 않았다"라고 변명할 뿐입니다. 당시 간도를 비롯한 만주 일대에는 조선인 항일 무장 부대가 없었고, 따라서 간도 특설대는 기껏해야 비적 떼를 소탕하거나 중국 공산당과 싸웠다고 주장합니다.

간도 특설대가 독립군과 싸운 적이 없다는 말은 교묘한 역사 왜곡입니다. 아마도 간도 특설대가 우리가 생각하는 항일 무장 독립군 부대를 만나기는 어려웠을 것입니다. 특설대의 작전 범위가 만주 일대에 한정되었기 때문입니다. 혹자는 특설대가 만주 지역의 조선인 마을을 약탈하거나 민중을 겁탈하는 등 잔혹 행위를 일삼았다고 주장하지만 구체적인 활동은 알려진 바가 거의 없습니다. 일본군이 간도 참변이나 난징 대학살, 삼광 작전 같은 잔혹 행위를 일삼았기 때문에 간도 특설대도 그랬을 것이라고 추정하는 정도죠.

1930년대 후반부터 1945년 해방까지 간도를 포함한 만주 일대에 북로 군정서나 한국 광복군 같은 민족주의 진영의 항일 무장 단체가 거의 없었던 것은 사실입니다. 당시 이 지역에서는 중국 공산당 계열, 즉 사회주의 계열의 항일 무장 단체가 주로 활동했습니다.

1920년대 중반 이후 민족주의 진영은 침체를 거듭했고 대부분 충칭을 중심으로 중국 내륙에 포진해 있었어요. 반면 만주 지역에서는 사회주의 계열이 치열한 항일 투쟁을 전개했습니다. 조선의 독립을 꿈꾸는 수많은 청년들도 민족주의 단체보다는 사회주의 단체에 참여하는 경우가 더 많았습니다.

하지만 이마저도 백선엽이 간도 특설대에 배치된 1943년경에는 굉장히 위축되고 맙니다. 일본군의 탄압이 극심했기 때문입니다. 그러니 결과만 놓고 보면 간도 특설대는 임시 정부처럼 우리에게 친숙한 민족주의 항일 무장 부대를 토벌하지 않았다는 설명도 틀린 말은 아닙니다.

친일 행위의 판단 근거

그렇다면 백선엽은 친일 행위를 하지 않은 걸까요? 그렇지 않습니다. 사회주의 계열 또한 항일 단체였음이 분명하고, 민족주의자들의 항일 부대가 아예 없었던 것도 아니니까요. 무엇보다도 간도 특설대는 일본 제국주의의 군대였어요. 일본군으로 복무한 사실 자체가 일본 제국주의에 동조했음을 뜻하고, 이들의 임무는 일제에 저항하는 세력을 탄압하는 것일 수밖에 없잖아요. 간도 특설대가 구체적으로 어떤 임무를 수행했고, 백선엽 개인이 그 임무에서 어떤 역할을 담당했는지 따지기 이전에 일제의 군인이 된 사실 자체가, 그것도 강제로 끌려간 것이 아니라 자발적으로 참여했다는 사실 자체가 친일 행위입니다.

더구나 군부대는 전쟁의 양상에 따라, 작전 계획의 변동에 따라 임무가 바뀝니다. 장교들은 여러 부대를 거치며 다양한 임무를 수행하죠. 만약 일본이 전쟁의 동향에 따라 간도 특설대를 충칭에 파견했다면 충칭 임시 정부와 격전을 벌였을 것이고, 백선엽을 충칭 인근의 부대로 보냈다면 당연히 그는 임시 정부 토벌대로 활동했을 겁니다.

한편 백선엽을 이렇게 변호하는 사람도 있습니다. "소위는 말단 장교에 불과하고 기껏해야 먹고살기 위해 군인이 된 건데, 여기에 친일 딱지를 붙이면 일제 강점기 때 살았던 사람들은 모두 친일파가 된다. 지나친 비판이다."

그러나 이 또한 백선엽을 옹호할 근거가 될 수 없습니다. 일찍이 대한민국 국가를 수립한 1948년 제헌 국회에서 반민족 행위 처벌법을 만들고 특별 조사 위원회를 설치해 친일파를 처단하려고 했어요. 그때의 법률을 보면 친일 행위의 정도를 구분하고 처벌 범위를 나누어 놓았습니다.

한일 합병에 적극 협력한 자는 사형 또는 무기 징역에 처해요. 일본 정부로부터 작위를 받았거나 제국 의회의 의원이 된 자 혹은 독립운동가를 살상, 박해한 자는 무기 징역 혹은 5년 이상의 징역에 처하고요. 그리고 악질적 반민족 행위를 한 자는 10년 이하의 징역

▶『친일인명사전』에 기록된 백선엽의 행적

. . . .

1920년 11월 23일 평안남도 강서에서 태어났다. 1939년 3월 평양 사범 학교를 졸업했다. 만주국이 초급 장교를 양성하기 위해 펑톈에 세운 중앙 육군 훈련처(봉천 군관 학교)에 1940년 3월 입학해서 1942년 12월에 제9기로 졸업하고 견습 군관을 거쳐 1943년 4월 만주국군 소위로 임관했다. 자무쓰 부대를 거쳐 간도 특설대에서 근무했다. … 모두 7기까지 모집한 간도 특설대는 총인원 749명 중에서 하사관과 사병 전원, 그리고 군관 절반 이상이 조선인이었다. 간도 특설대는 일제의 패망으로 해산할 때까지 동북 항일 연군과 팔로군에 대해 모두 108차례 토공 작전을 벌였다. 이들에게 살해된 항일 무장 세력과 민간인은 172명에 달했으며, 그 밖에 많은 사람이 체포되거나 강간, 약탈, 고문을 당했다.

에 처하거나 15년 이하의 공민권 박탈, 쉽게 말해 투표권 같은 정치적 권리를 제한하기로 했습니다. 이 법률이 제대로 시행되었다면 백선엽은 이미 반민족 행위자로 처벌을 받았을 것입니다.

2000년대에 정부와 민간이 함께 『친일인명사전』을 편찬할 때도 친일의 기준과 구체적 친일 행위를 자세히 적시했습니다. 백선엽은 이 사전에도 등재되었습니다. 이처럼 백선엽의 친일 행위는 엄밀한 법적 기준으로 평가할 수 있습니다. 이를 두고 모호한 감정과 논리를 내세우며 부득이했다고 변명하는 것은 올바르지 않습니다.

6·25 전쟁 영웅 백선엽

그런데 한편에서 주장하는 것처럼 백선엽이 6·25 전쟁 때 중요한 역할을 했던 것도 사실입니다. 개전 초기에 국방 장관은 신성모, 육군 참모 총장은 채병덕 장군이었습니다. 그런데 대한민국 군대를 이끌어야 할 두 사람은 자기 역할을 제대로 수행하지 못했습니다. 신성모는 전쟁 전에는 "국군은 대통령의 명령만 떨어지면 점심은 평양에서 먹고 저녁은 신의주에서 먹을 수 있다"라고 말하며 위기를 고조시켰고, 전쟁 발발 다음 날에는 국회에 가서 "사흘이면 평양을 점령할 수 있다"라고 거짓을 보고했습니다. 또한 1951년 2월 거창 지역에서 국군이 민간인을 학살한 사건이 발생했을 때 이를 조사하기 위해 파견된 국회 조사단의 활동을 방해했고, 심지어 국군을 북한군 게릴라로 변장시켜 조사단을 공격했다는 의혹도 있습니다.

채병덕도 무능하기는 마찬가지였습니다. 1950년 6월이 되자 남북의 전면전이 일어날 것이라는 첩보가 끊임없이 보고되었고, 개전 하루 전인 6월 24일에는 긴급 군사 회의를 열 정도로 분위기가 심각했습니다. 하지만 채병덕은 기민하게 대응하지 못했고 전쟁 전날에도 새벽까지 술을 마시는 등 행실에도 문제가 많았습니다. 무엇보다 개전 초기 그가 국군 병력을 효과적으로 전선에 배치하지 못하면서 곧장 수도 서울이 함락됩니다.

당시 북한 인민군은 포천과 동두천을 거쳐 의정부를 넘어 서울로 진격하려 했습니다. 이 길을 막지 못하면 한강 이북을 빼앗길 수밖에 없었어요. 채병덕은 조급한 마음에 성급하게 군사 작전을 시도합니다. 당시 의정부 일대를 유재흥 장군이 이끄는 7사단이 방어하고 있었습니다. 그리고 조금 떨어진 곳에 이형근 장군이 이끄는 2사단이 있었습니다. 채병덕은 2사단에게 7사단에 합류해 의정부에서 인민군을 격퇴하라고 명령합니다. 문제는 타이밍입니다. 2사단 병력 가운데 일부만 의정부에 도착했고 나머지는 여전히 이동 중이었어요. 부대가 밤새 행군한 후 곧바로 전투에 투입되면 체력 저하로 패배할 확률이 커집니다. 전력을 한곳에 집중시키지 못해도 마찬가지죠. 의정부 방어선에서 국군은 체력과 전력 양쪽 모두 문제였습니다. 채병덕은 이형근을 비롯한 여러 지휘관의 의견을 무시한 채 작전 감행을 고집했고, 이 전투에서 패배하면서 국군 방어선이 무너지고 말아요.

같은 시각 백선엽은 서쪽의 문산-파주 방어선에서 1사단을 지휘하며 북한군의 진격을 막았습니다. 서울이 함락된 뒤에는 후퇴하는 군대를 추슬러 낙동강 전선을 지켰습니다. 다부동 전투가 대표적인 예입니다. 낙동강 방어선을 유지하기 위해서는 대구 다부동 일대를 반드시 지켜야 했거든요. 북한군은 3개 사단을 동원하여 이곳을 공격했고 치열한 전투 끝에 백선엽이 이끄는 1사단이 승리합니다. 이후 인천 상륙 작전이 성공하고 서울 수복, 평양 점령 등 전세를 역전한 뒤에도 백선엽은 평양 전투를 비롯한 여러 작전을 성공적으로 수행해요. 이 공로를 인정받아 그는 30대 초반에 육군 대장이 되었고 이후 육군 참모 총장을 두 번이나 역임하는 등 군인으로 누릴 수 있는 최고의 영광을 얻습니다. 무엇보다도 미군과의 관계가 워낙 돈독했기 때문에 전역 후에는 한미 군사 동맹을 상징하는 인물이 됩니다.

혹시 문제가 잘못된 것은 아닐까?

그렇다면 친일파와 전쟁 영웅 중 어떤 주장에 손을 들어주어야 할까요? 백선엽을 둘러싼 두 입장 가운데 어느 한쪽만 참일 수는 없습니다. 그는 친일파였고 전쟁 영웅이기도 합니다. 그의 인생에 친일파와 전쟁 영웅이라는 두 가지 삶이 공존하고 있다는 결론에

도달하게 됩니다.

당시의 역사적 배경을 고려하면 문제가 더욱 복잡해집니다. 친일파 문제는 일제 강점기, 즉 일본 제국주의와 식민지 조선의 관계에서 생긴 문제입니다. 반면 6·25 전쟁은 남한과 북한, 즉 민족 내부의 문제이죠. 대립하는 대상이 다르고 활약한 내용 또한 다릅니다. 그러니 논란을 쉽사리 매듭짓기 어렵습니다. 최근의 논란은 현충원 안장에 관한 사항이니까 친일 경력이 있는 반공 투사는 현충원에 안장하지 못하도록 보훈법을 개정할 수 있겠지요. 아니면 안장은 하되 비석 옆에 그의 잘못도 같이 써 놓는 방식으로 절충할 수 있습니다.

그런데 이런 논란과 논쟁은 왜 생기는 것일까요? 남북한은 1945년 해방과 동시에 갈라졌고 6·25 전쟁이 끝난 후에는 휴전선을 기준으로 분단되었습니다. 1953년 7월 27일 휴전 협정을 맺은 이후 수차례 대화와 회담을 했지만 여전히 긴장이 이어지고 있으며 때때로 북한이 무력 도발을 감행하기도 하죠. 사정이 이렇다 보니 1987년 6월 항쟁 이전까지 '반공주의'를 절대선처럼 여겼어요. 과거에 어떤 경력을 가졌든 상관없이, 투철한 반공정신을 보이고 공을 세우면 무조건 좋게 평가했습니다.

하지만 민주화 이후에 많은 것이 바뀝니다. 역사 연구의 자유가 보장되고, 오랫동안 잊고 있던 친일파 문제가 새롭게 부각되었어요. 뒤늦게 이 문제를 해결해야 한다는 목소리가 커지기 시작한 집니다. 논쟁 자체가 역사적인 성격을 지니고 있다는 말이죠.

앞으로 또 어떤 논쟁이 이어질까요? 괴롭고 불편한 일이지만 논쟁을 거듭하다 보면 계속 새로운 전망을 만들 수 있겠지요. 역사에 완벽한 정답은 없습니다. 보다 나은 생각을 향한 노력이 있을 뿐이죠. 아마 그러한 방향만큼은 분명할 것 같아요. 역사 공부는 보다 깊은 성찰을 통해 더 나은 방향을 찾아가는 과정입니다. 격렬한 감정과 단순한 결과가 아니고요.

반민족 행위 처벌법 [시행 1948. 9. 22.] [법률 제3호, 1948. 9. 22. 제정]

제1조. 일본 정부와 통모하여 한일 합병에 적극 협력한 자, 한국의 주권을 침해하는 조약 또는 문서에 조인한 자와 모의한 자는 사형 또는 무기 징역에 처하고 그 재산과 유산의 전부 혹은 2분의 1 이상을 몰수한다.

제2조. 일본 정부로부터 작을 수한 자 또는 일본 제국 의회의 의원이 되었던 자는 무기 또는 5년 이상의 징역에 처하고 그 재산과 유산의 전부 혹은 2분의 1 이상을 몰수한다.

제3조. 일본 치하 독립운동자나 그 가족을 악의로 살상 박해한 자 또는 이를 지휘한 자는 사형, 무기 또는 5년 이상의 징역에 처하고 그 재산의 전부 혹은 일부를 몰수한다.

제4조. 아래의 각호에 해당하는 자는 10년 이하의 징역에 처하거나 15년 이하의 공민권을 정지하고 그 재산의 전부 혹은 일부를 몰수할 수 있다.

 1. 습작한(작위를 물려받은) 자

 2. 중추원 부의장, 고문 또는 참의 되었던 자

 3. 칙임관 이상의 관리 되었던 자

 4. 밀정 행위로 독립운동을 방해한 자

 5. 독립을 방해할 목적으로 단체를 조직했거나 그 단체의 수뇌 간부로 활동하였던 자

 6. 군, 경찰의 관리로서 악질적인 행위로 민족에게 해를 가한 자

 7. 비행기, 병기 또는 탄약 등 군수 공업을 책임 경영한 자

 8. 도, 부의 자문 또는 결의 기관의 의원이 되었던 자로서 일정에 아부하여 그 반민족적 죄적이 현저한 자

 9. 관공리 되었던 자로서 그 직위를 악용하여 민족에게 해를 가한 악질적 죄적이 현저한 자

 10. 일본 국책을 추진시킬 목적으로 설립된 각 단체 본부의 수뇌 간부로서 악질적인 지도적 행동을 한 자

 11. 종교, 사회, 문화, 경제 기타 각 부문에 있어서 민족적인 정신과 신념을 배반하고 일본 침략주의와 그 시책을 수행하는 데 협력하기 위하여 악질적인 반민족적 언론, 저작과 기타 방법으로써 지도한 자

 12. 개인으로서 악질적인 행위로 일제에 아부하여 미족에게 해른 가한 가

삼일천하
김옥균

→ 역사에서 개인은
어떤 역할을 할까?

영웅 사관—위대한 영웅들이 만든 세계

영웅 사관이란 역사를 몇 명의 위대한 영웅을 통해 설명하는 방식입니다. 근대 역사학이 태동하던 19세기 중반에 이 문제를 두고 논쟁이 벌어졌습니다. 1840년 역사학자 토마스 칼라일이 영웅 사관을 제시하며 나폴레옹 같은 인물이 역사를 바꾸는 데 큰 역할을 했다고 주장했습니다. 사람들은 역사 속에 존재하는 개인의 가치에 주목했습니다. 영웅적 리더의 의미를 환기하는 등 영웅 사관은 커다란 관심을 받았죠. 하지만 비판이 뒤따랐습니다. "한 개인이 전체 역사를 얼마나 바꿀 수 있다는 말인가?" "영웅도 사회의 산물이 아닌가?"

나폴레옹은 천재적인 포병 장교였고 프로이센과 오스트리아를 상대로 싸운 전쟁 영웅이자 프랑스 혁명이 유럽에 전파되는 데 결정적 공헌을 한 인물입니다. 하지만 그는 프랑스 혁명 덕분에 등장했고 혁명이 초래한 전쟁 안에서 재능을 발휘할 기회를 잡은 거잖아요? 나폴레옹은 구체제의 모순, 프랑스 국왕 루이 16세의 실정, 제3계급의 도전, 국민의회의 활약, 보수파 지롱드당과 혁신파 자코뱅당의 갈등, 로베스피에르의 공포 정치 등 엄청난 역사적 변혁 가운데에서 태어났습니다. 이렇게 본다면 나폴레옹 역시 거대한 역사의 일부일 뿐입니다.

더구나 역사는 나폴레옹의 뜻대로 흘러가지 않았습니다. 그는 1815년 워털루 전투에서 영국과 프로이센 연합군에게 패배했고 이를 계기로 유럽은 왕정 체제로 복귀합니다. 왕정복고를 부수고 새 공화국을 세운 것은, 그리고 자유주의와 민족주의가 유럽 사회로 번진 것은 또 다른 사람들의 의지였습니다.

그렇다면 역사 속에서 개인의 가치는 아무 의미가 없는 걸까요? 이 또한 아닙니다. 나폴레옹이라는 개인을 고려하지 않고 프랑스 근대사를 쓸 수는 없고, 역사의 발전은 수많은 개인과 수많은 사람의 의지가 결합된 결과니까요. 개인과 사회, 영웅과 역사의 상관

관계를 섬세하게 이해해야 합니다.

급진 개화파 김옥균 이야기

김옥균을 얘기해 볼까요? 한국사를 공부하면서 김옥균에 대해 배웠을 것입니다. 19세기 말 조선의 급진 개화파 지도자. 1884년 갑신정변을 이끌었으나 사흘 만에 실패하고 일본으로 망명한 인물. 홍종우에 의해 상하이에서 암살당한 비극적 삶. 이 정도를 기억하며 그 사이사이에 1876년 강화도 조약, 1882년 임오군란을 끼워 넣어 암기했을 것입니다. 이런 방식의 교육 속에서 우리는 종종 온 힘을 다해 산 인간의 초상을 놓치곤 합니다.

김옥균은 충청남도 공주 출신으로 종숙부 김병기 집안에 양자로 들어가면서 서울 생활을 시작합니다. 안동 김씨 집안이니까 당대의 명문가이자 세도가라고 할 수 있어요. 워낙 똑똑했기 때문에 이른 시기부터 두각을 나타냈죠. 스물한 살에 과거 문과에 장원 급제했고 실학자 연암 박지원의 손자인 박규수를 비롯한 개화파 인사들과 교류했습니다. 개방적이고 호방한 성품이었던 것 같아요. 오경석, 유대치 같은 중인 계급과 관계를 맺고 이들을 스승으로 모시기도 했거든요. 오경석과 유대치는 서양의 사정을 설명한 『해국도지』, 『영환지략』 같은 책을 조선에 소개한 선각자입니다. 두 책은 각각 청나라 지식인 위원과 서계여가 서양 열강과 세계의 현황을 정리한 책인데 일본에도 전파되어 요시다 쇼인, 사쿠마 조산 등에

<조일 수호 조규 속약 기념 연회도> ⓒ위키미디어 공용
건너편 가운데가 김옥균, 앞줄 맨 왼쪽 무관복을 입은 이는 홍영식, 맞은편 서양인은 묄렌도르프이
다. 식탁 위에 스테이크와 나이프가 있다.

게 큰 영향을 미쳤습니다. 이후 이들의 제자들이 메이지 유신을 일
으켰으니 동아시아의 역사를 뒤바꾼 책이라고 할 수 있죠.

"일본이 영국이라면, 조선은 프랑스를 목표로 삼자!" 김옥균이
평소에 자주 한 말입니다. 일본의 근대화를 목격한 조선의 지식인
들은 큰 충격에 빠졌습니다. 사대의 예로 섬기던 청나라가 날이 갈
수록 쇠락하고 서양 열강이 거침없이 동아시아를 침략해 오던 상
황을 김옥균은 가볍게 여기지 않았습니다. 숙고 끝에 그는 일본처
럼 근대화를 이루어서 동양의 프랑스가 되겠다는 포부를 품었습
니다.

김옥균은 1880년대 초에 세 차례 일본을 방문했습니다. 1882년 3월에 신사 유람단의 일원으로 처음 방문했고, 같은 해 9월에는 임오군란을 수습하는 수신사의 고문으로 갔습니다. 그리고 1883년 6월에 고종의 위임장을 들고 차관 교섭을 하기 위해 다시 일본에 갑니다. 김옥균은 일본에서 후쿠자와 유키치, 고토 쇼지로, 이노우에 가오루 같은 당대의 명사와 교류했습니다. 박영효, 홍영식, 김홍집, 김윤식 등 근대적인 변화를 바라는 인사들이 모여 개화파를 형성한 것도 이 무렵입니다.

개화를 위해 돈이 필요하다!

조선을 근대 국가로 만들려면 강력한 개화 정책을 추진해야 합니다. 그리고 여기에는 막대한 돈이 필요합니다. 당시 조선의 재정은 부실하기 짝이 없었고 민씨 외척과 지방의 수령 및 향리, 그리고 왕실까지 온통 비리와 부패로 얼룩져 있었습니다. 재정 개혁이 난관에 부딪히자 김옥균은 재원을 마련하기 위해 동분서주합니다.

고종은 1883년에 김옥균을 울릉도 일대를 관할하는 관리, 동남 제도 개척사로 임명합니다. 이때 김옥균은 통리교섭통상사무아문 참의와 승정원 동부승지를 맡고 있었어요. 개화 정책을 전담하는 부서에서 일하며 국왕의 비서실장을 겸직했으니 그만큼 고종의 돈독한 신임을 받은 것이죠. 그런데 갑자기 울릉도 일대를 관할하는 동남 제도 개척사라는 관직을 받은 거예요.

울릉도는 좋은 목재의 산지로 유명합니다. 일본의 독도 진출도 애초에는 울릉도의 목재를 염두에 두고 추진된 정책이었죠. 김옥균은 일본에서 구로다 기요타카를 면담했는데 그는 홋카이도를 개척한 인물입니다. 김옥균은 그에게 미개간지 개척이 국가 재원 확보와 긴밀하다는 것을 배웠습니다.

울릉도를 개발하기 위해 김옥균은 바쁘게 움직여요. 1883년 10월에는 일본 협동 상회에 울릉도의 목재와 해산물을 채취, 판매하는 권한을 주는 대신 미곡 100석과 울릉도 개척에 필요한 돈을 먼저 받는 계약을 맺습니다. 또한 이 시기 미국인 타운센트와 여러 일본인을 울릉도 개척 사업에 끌어들였습니다. 김옥균은 1884년 1월부터 1885년 5월까지 여섯 차례 울릉도에 가서 시모노세키에서 온 불법 어선을 압류하는 등 열심히 일했습니다. 하지만 결실을 맺지는 못합니다. 개척은 지지부진했고 울릉도 도장 전석규가 일본인의 불법 벌목을 지원하는 등 하급 관료들의 부정부패가 심각했기 때문입니다.

결국 김옥균은 차관 교섭에 집중합니다. 개혁을 하려면 돈이 필요하고, 그 돈을 구할 곳은 일본밖에 없다고 생각한 것이죠. 1883년 조선 조정은 당오전이라는 새 화폐를 발행했습니다. 부족한 재원을 메우려는 발상이었는데 제대로 운영되지 않으면서 물가가 폭등하는 등 사회 경제적 모순이 더욱 심각해졌어요. 이런 상황에서 김옥균은 고종의 밀지를 품고 일본으로 갔습니다.

일본의 외교 관리들은 김옥균을 신뢰하지 않았습니다. 개화파는 힘이 없고 김옥균은 성급한 인물이라고 평가했어요. 무엇보다 당시 일본은 청과의 정면충돌을 우려했습니다. 그렇다고 김옥균이 믿는 구석도 없이 일본으로 간 것은 아닙니다. 후쿠자와 유키치가 "일본의 목적을 달성하기 위해 조선에 대규모 차관을 지원해야 한다"라고 주장했을 정도니 가능성을 보고 도전했던 거죠. 김옥균은 일본의 민간 차관이라도 도입하려 했지만 실패합니다. 나중에는 미국 차관까지 알아보지만 역시 성사시키지 못했습니다.

결국 김옥균은 개화를 위해 더욱 위험한 선택을 하게 됩니다. 갑신정변을 일으킨 것이죠.

사흘간의 초라한 혁명

'누가 조선의 근대화를 막고 있나? 왕비와 민씨 척족이다. 임오군란 이후 흥선 대원군을 잡아간 청나라 군대가 민씨 척족을 보호하고 있으며, 청이 파견한 독일인 외교 고문 묄렌도르프가 사사건건 개화를 가로막고 있다.' 김옥균과 개화파는 이렇게 생각했습니다. 개화파의 노력이 청군을 등에 업은 민씨 세력의 방해로 번번이 실패했으니까요. 청나라는 1884년에 프랑스와 베트남에서 전쟁을 시작하며 조선에 주둔하고 있던 군대의 일부를 철수시켰습니다. 개화파는 이 기회를 틈타 정변을 시도합니다. 갑신정변을 일으켜서 권력을 장악한 후 급진적인 근대화를 이루려 한 것이죠.

1884년 10월 17일 개화파는 우정국 개국 축하연에서 정변을 일으켜 권력을 장악합니다. 하지만 왕비와 민씨 척족은 무너지지 않았고 고종 역시 개화파를 후원하지 않았습니다. 그리고 불과 사흘만에 개화파는 청나라 군대의 공격을 받고 일본으로 망명했습니다. 말 그대로 삼일천하.

갑신정변에 참여한 개화파의 수는 약 200명 정도입니다. 그중 77명은 신원이 확인되는데 군인이 21명, 하인이 11명이었습니다. 군인은 주로 하급 장교에 불과했고, 상인은 거의 없었고 농민은 한 명도 없었습니다. 게다가 대부분 서울 사람이었고요. 김옥균, 박영효, 서재필은 적극적이었지만 홍영식, 박영교 등은 거의 관여하지 않았고 거사의 사전 훈련도 하지 못했습니다. 동원한 무기도 대부분 칼이었어요.

갑신정변의 명분은 개화와 독립이었습니다. 그러나 민중은 개화파의 주장에 공감하지 못했습니다. 개화 정책이 초래한 사회적 혼란과 불어난 세금 때문에 고통을 받고 있었으니까요. 이들에게 김옥균의 주장은 뜬구름 같은 이야기였어요. 더구나 독립은 김홍집 같은 온건 개화파도 받아들이기 힘든 주장이었습니다. 온건 개화파는 사대주의를 바탕으로 청나라의 지원 속에서 자강의 기틀을 다져야 한다고 생각했어요.

정변에 참여한 개화파의 인물난도 심각했습니다. 정변 직후 발표한 신임 내각 명단에는 이재원(흥선 대원군의 조카), 이재면(흥선 내원군의 아들, 고종을 대신할 후보), 조한국(대원군의 외손자), 이준용 (이재면의 아들) 등 대원군 쪽 사람이 다수 보입니다. 쉽게 이해가 되나요? 흥선 대원군은 쇄국 정책을 대표하는 인물입니다. 위정척사파를 끌어들여서 급진 개화파가 권력을 잡고 개화 정책을 추진할 수 있을까요? 결국 정변은 실패하고 김옥균은 10년간 망명 생활을 거듭하다가 1894년 중국 상하이에서 암살을 당합니다.

한계뿐인 삶의 의미

이야기를 듣고 어떤 생각이 들었어요? 만약 김옥균이 조금 더 신중하게 활동하면서 급진과 온건으로 갈라져 있던 개화파를 규합하고 작더라도 의미 있는 개화 정책을 성공시켜서 민심을 샀다면 어땠을까요. 그가 차관 도입에 대한 미련을 버리고 내정 개혁에 온 힘을 쏟았다면 결과가 바뀌지 않았을까요. 부정부패를 바로잡고 세금 제도를 고쳤다면 보다 든든한 기반 위에서 개혁을 추진할 수 있지 않았을까요.

어쩌면 김옥균 앞에 놓여 있던 상황은 도무지 그에게 천천히 나아갈 기회를 주지 않았을지도 모릅니다. 조선은 내정 개혁이 불가능할 만큼 부패했고, 오직 최후의 수단만 남아 있었을지도 모릅니다. 그의 삶을 돌아볼 때마다 역사는 한 인간에게 감당할 수 없는 시련을 준다는 생각이 듭니다.

그렇다면 거꾸로 오늘의 사회는 어떻고 그 안에서 우리는 어떤 역할을 해야 할까요? 우리 사회는 어떤 문제를 어떻게 고칠 것이며, 나는 어떤 실력과 능력으로 사회 변화를 촉진할 수 있을까요?

역사에서 개인을 읽는 작업은 단지 그의 삶을 날카롭게 비평하는 일이 아닙니다. 저는 이것이 나의 역사적 선택을 준비하며 생각과 성찰을 단련하는 과정이어야 한다고 믿습니다. 누군가가 온 힘을 다해 달려간 삶, 그러나 한계뿐인 삶에 대해 논하는 것이 우리에게 무슨 의미가 있겠어요. 하지만 우리도 역사를 살며 그 안에서 결정을 내려야 하는 순간을 겪습니다. 김옥균의 삶은 바로 그 순간 우리가 어떤 선택을 해야 하는지 조언해 줍니다. 오늘의 우리도 과거의 김옥균처럼 역사를 살아가는 존재이니까요.

이토록 복잡한 신채호라니

→ 한 삶에 비친
여러 시대정신

어떻게 잘 알지도 못하는 사람을 존경할 수 있겠어

"역사를 잊은 민족에게 미래는 없다."

한동안 역사의 중요성을 강조할 때마다 이 말이 빈번하게 인용되었습니다. 시작은 2013년 5월에 방송된 MBC 예능 프로그램 〈무한도전〉이었습니다. 방송은 이 말을 독립운동가 단재 신채호가 한 것으로 소개했습니다. 또 다른 누군가는 신채호가 아니라 2차 세계 대전 당시의 영국 총리 윈스턴 처칠이 한 말이라고도 했지요.

신채호와 처칠 ©위키미디어 공용

그러다 최근에 '팩트 체크'가 이루어지면서 신채호가 한 말이 아니고, 처칠이 한 말도 아니라는 사실이 밝혀졌습니다. 출처를 확인할 수 없는, 그럴듯한 말이었던 것이지요.

기왕 신채호 이야기가 나왔으니까, 여러분에게 하고 싶은 질문이 있습니다. 신채호 하면 뭐가 떠오르나요? 유명한 독립운동가. 민족주의 역사학의 아버지. 혹은 위대한 고대사의 개척자.

사실 우리는 신채호가 어떤 삶을 살았는지 잘 알지 못합니다. 유명한 독립운동가로서 일제의 식민 통치에 저항해 한민족의 역사를 되살리려 하였고, 그러다 투옥되어 옥사한 그의 숭고한 삶을 기리는 정도입니다. 중고등학생이라면 한국사 시험을 준비하며 공부한 몇 가지 개념에 더해 텔레비전과 인터넷에서 보고 들은 이야기를 조금 더 기억하고 있을 테고요.

독립운동가의 삶을 무조건 기억해야 한다는 말은 아닙니다. 사실 한국 근대사를 공부하다 보면 이런저런 고민이 생깁니다. 독립운동에 일생을 바친 선조들을 이야기할 때면 몸과 마음이 경건해지면서 그분들의 삶을 찬양하고 그분들에게 감사하기 바쁜 게 사실이니까요. 훌륭한 분들인데 당연한 일 아니냐고요? 그럴 수 있죠. 하지만 그들도 사람이었고 고민도 실패도 많았을 텐데, 우리는 한 사람의 인생을 너무 단순화하고 있는 게 아닐까요?

약육강식 세상에서 구국의 사상을 찾다

젊은 날의 신채호는 사회 진화론자였습니다. 사회 진화론은 역사는 끊임없이 발전하며 강한 민족만 살아남을 수 있다고 믿는 생각입니다. 이에 따라 그는 조선이 살아남기 위해서는 일본이나 서구 열강과의 경쟁에서 승리해야 하고, 그러기 위해서 힘을 길러야 한다는 자강론을 주장했습니다. 신채호뿐 아니라 박은식, 량치차오 등 조선과 중국의 많은 지식인이 사회 진화론에 동조했다고 합니다.

1880년에 태어난 신채호는 십 대 후반이던 1898년에 독립 협회의 활동을 접한 뒤 이 단체에 참여했고, 1905년 일본이 대한 제국과 을사조약을 맺고 외교권을 박탈하자 언론인으로 활약하며 민족 운동을 이어나갑니다. 피 끓는 20대 중반의 청년에게 나라가 망한 사건은 커다란 충격을 주었습니다. 그로 인해 신채호는 약육강식과 적자생존, 강한 나라가 약한 나라를 지배하고 강한 민족만 생존할 수 있다는 사회 진화론적 사고를 적극 수용합니다. 『대한매일신보』와 『황성신문』에 글을 쓸 때도 그랬지만, 중국으로 망명한 이후에는 이런 경향이 더욱 강해집니다. 신채호는 『을지문덕전』, 『이순신전』 같은 위인전을 써서 우리 민족이 본래 강한 민족이었다는 사실을 증명하려 했습니다. 동시에 신채호는 조선을 사대주의에 찌든 잘못된 역사로 보고 단군 조선 같은 고대사에서 새로운 방향성을 찾고자 합니다. 보통 이 시기 신채호의 세계관을 민족주의라고 설명합니다. 단군을 정복 군주로 서술한다든지, 고구려가 중국과 대등한 관계를 유지하며 민족적 기상을 드높였다고 강조한다든지, 발해를 우리 역사에 포함시키고 일본의 임나일본부설을 조목조목 비판하는 것들을 보면 그의 역사의식이 여전히 우리에게 영향을 미치고 있음을 알 수 있습니다. 특정 인물이 아니라 민족 자체에 관심을 두게 된 거죠.

　신채호는 1917년 국민 주권론을 주장한 대동 단결 선언에 참여하고 다시 2년 후인 1919년 대한민국 임시 정부에 참여하면서 민주 공화정이라는 새로운 방향성을 수용합니다. 그럼에도 불구하고 그는 여전히 사회 진화론을 고수했어요.

우리나라에서 사회 진화론은 낯선 주장이며 이 생각을 반대하는 사람이 많습니다. 사회 진화론이 제국주의 국가의 식민지 지배를 합리화하거나 일본이 군국주의 전쟁 국가로 나아가는 데 큰 영향을 미쳤기 때문입니다. 그 결과 사회 진화론에서 갈라져 나온 인종주의와 혐오주의, 황화론(황인종이 백인종을 위협할 것이라는 유럽인들의 사상) 등의 생각이 세계 대전과 인종 학살을 불러왔습니다. 일본 제국주의의 조선 식민 지배도 그 연장선에 있습니다.

하지만 구한말과 일제 강점기에 사회 진화론이 신채호를 비롯한 조선의 지식인들에게 큰 영향을 미쳤다는 것은 부정할 수 없습니다. 중국 청나라 말기의 대표적 지식인이자 계몽 사상가인 량치차오를 통해 조선으로 전해진 사회 진화론을 신채호와 대부분의 애국 계몽 운동가들, 심지어 안중근 같은 이들도 받아들였습니다. 교육과 산업의 성장을 고취하여 부국강병을 목표로 삼는 것에서부터 한중일의 연대를 통해 서양의 침탈을 막아 내자는 동양 평화론에 이르기까지 당시의 주요 사상이 모두 사회 진화론을 바탕으로 했으니까요.

이제 다시 신채호를 살펴볼까요? 우리가 역사 교과서에서 만났던, 순수한 우국충정으로 민족 운동에 투신한 독립운동가 신채호는 현실에 존재하지 않습니다. 현실의 신채호는 구한말 이후 급변하는 조선의 상황을 주체적으로 해석하면서 나름대로 사회 진화론을 수용하고, 이를 민족주의의 관점에서 재해석하고, 나중에는

▶ 대동 단결 선언(1917년) 중에서

융희 황제가 삼보(영토, 인민, 주권)를 포기한 (1910년) 8월 29일은 즉 우리 동지가 삼보를 계승한 8월 29일이니 그동안 순간도 멈춘 적이 없음이라. 우리 동지는 완전한 상속자이니 저 제권 소멸의 시점이 즉 민권 발생의 시점이요, 구 한국 최종의 1일은 즉 신 한국 최초의 1일이니 무슨 말인가 하면, 우리 한국은 아득한 옛날 이래로 한인의 한국이요 비한인의 한국이 아니라. 한인 간의 주권 수수는 역사상 불문법의 국헌이요 비한인에게 주권 양여는 근본적 무효요 한국민성이 절대 불허하는 바다. 고로 경술년 융희 황제의 주권 포기는 즉 우리 국민 동지에 대한 묵시적 선양이니 우리 동지는 당연히 삼보를 계승하여 통치할 특권이 있고 또 대통을 상속할 의무가 있도다.

대동 단결 선언문 ⓒ문화재청

공화주의의 관점에서 문제를 해결하려 했던 복잡한 인물입니다. 일제의 식민 지배로 인한 비통한 현실을 극복할 방법을 찾기 위해 애쓴 그의 치열한 삶과 지적 여정을 따라가면 교과서 속에 독립운동가로 박제된 신채호가 아니라 조선과 만주, 연해주, 상하이를 쉼 없이 오가며 갈등하고 번뇌하는, 살아 있는 신채호를 만날 수 있습니다.

또 다른 사상을 만나다

아마도 신채호의 인생 후반부 이야기를 듣는다면 더욱 깜짝 놀랄 것입니다. 그가 스스로 만들고 단련해 온 기존의 생각을 포기하고 새로운 탑을 쌓기 시작하거든요. 신채호는 민족주의에 대한 믿음을 포기하고 아나키즘을 받아들입니다. 아나키즘은 제도화된 정치, 권력, 권위를 부정하는 사상으로, 다른 말로 무정부주의라고도 합니다. "정부의 권력으로 개인을 지배할 수 없다! 개인은 정부를 포함하여 그 누구에게도 속박되지 않으며, 그 누구도 속박하지 않는다!" 모든 개인의 해방을 주장하는 아나키즘은 국가의 독립과 민족의 해방을 바라던 신채호를 사로잡았습니다. 그 충격이 얼마나 강렬했는지 신채호는 「조선 고대의 사회주의」라는 논문에 고조선에서 시행된 정전제를 사회주의 제도로 해석합니다. 논문 제목부터 충격적이지 않나요? 풀어서 이야기하면 "조선은 고대에 이미 사회주의 국가였다"라는 주장입니다. 정전제는 한 구획의 땅을 한

고토쿠 슈스이 ⓒ위키미디어 공용
일본 메이지 시대의 언론인이자 사상가로 사회주의와 무정부주의를 받아들여 일본의 제국주의화를 비판했다. 이 과정에서 1910년 일단의 사회주의자들이 일본 천황 암살을 계획한 대역 사건으로 체포되어 사형 판결을 받고 처형되었다. 오늘날 대역 사건은 사회주의를 탄압할 구실을 만들기 위해 메이지 정부가 날조한 사건으로 평가된다.

자 우물 정(井)자 모양으로 아홉 개로 가른 뒤 그중 여덟은 농민에게 평등하게 나누어 주고 가운데 하나는 공동 경작하여 국가에 세금으로 내는 고대 중국의 이상적 토지 제도입니다. 그런데 신채호는 고조선에서 실시한 정전제를 동양의 이상 국가 모델이 아니라 사회주의 국가의 원형으로 해석했습니다.

그 까닭은 그가 아나키즘의 영향을 받았기 때문입니다. 신채호는 일본의 급진주의자 고토쿠 슈스이에게 일찍부터 영향을 받았고 1910년대에 상하이에 머물면서 중국의 혁명 사상가 류스페이의 논설을 읽고 아나키즘의 개창자 크로폿킨의 사상을 배웁니다.

모든 권력과 압제로부터의 해방

신채호는 1917년에 대동 단결 선언에 참여했습니다. 앞에서도 잠깐 이야기했듯이, 이 선언은 우리 독립운동사에서 가장 중요한 선언 중 하나입니다. 대한 제국 황제의 권리 소멸은 곧 민권의 생성이라 주장하며 일본의 식민 지배를 부정하고 민(民)의 주체성을 강조한 최초의 선언이기 때문입니다. 이 선언은 2년 뒤 대한민국 임시 정부 수립에 중요한 이론을 제공했습니다. 또한 대동 단결 선언은 러시아 혁명의 영향을 받아서 우리도 혁명적 대동 사회를 건설해야 한다는 해방적 성격을 지니고 있습니다. 아마도 이 시기부터 신채호는 아나키즘에 고취된 듯합니다.

특히 신채호는 "파괴가 곧 건설"이라고 말한 급진적 혁명가 미하일 바쿠닌의 아나키즘에 경도되었습니다. 크로폿킨이 상호 부조론을 주장하면서 보다 협력적인 이상 사회를 지향했다면 바쿠닌은 제국주의를 신랄하게 비판하면서 실천적인 아나키즘을 주창했습니다. 신채호도 바쿠닌의 실천적 아나키즘에 공명하고 일본 제국주의 타도를 목표로 합니다. 그는 임시 정부를 떠나 이동휘의 한인 사회당에 가입했고, 조선 노동 공제회에 주도적으로 참여하면서 역사 발전의 주체를 민족에서 민중으로 옮겼습니다. 민족 문제를 넘어 이제 계급 문제, 노동 문제로 관심을 뻗친 것이죠.

1920년대가 되면 신채호는 노선을 확실히 바꿉니다. 임시 정부에 적대적인 태도를 취했고 사회주의마저 비판하면서 김원봉이 이끌던 의열단에 합류해요. 민중이 직접 혁명을 일으켜 제국주의 질서를 파괴하는 테러리즘적 투쟁 방식을 택한 겁니다. 그리고 이때의 생각을 의열단의 강령이기도 한 '조선 혁명 선언'에 썼습니다.

신채호의 인생 후반부로 갈수록 투쟁적 아나키즘과 테러리즘적 아나키즘이 선명하게 드러납니다. 1925년에는 또 다른 항일 비밀 단체인 다물단을 결성하고 "계급적인 구생활을 변혁시키고, 전 세계 약소민족의 해방 운동과 동일한 보조를 취하는 것"이 목표라고 창립 선언문을 썼습니다. 1926년에는 무정부주의자 동방 연맹에 참여합니다. 이 단체는 이름 그대로 동아시아 국가들을 전복하고 사유 재산 제도를 해체한 뒤, 모든 인간이 자유롭게 살아가는 새 노동 사회를 건설하자고 주장했습니다. 이에 따라 조선인과 중국인은 물론이고 일본인, 베트남인, 인도인까지 참여해 만든 국제 단체입니다.

하지만 안타깝게도 신채호는 무정부주의 혁명 운동에 박차를 가하던 1928년에 체포되어 다롄 형무소에 수감되었고, 징역 10년형을 받고 뤼순 형무소에 이감됩니다. 그리고 1936년에 옥사합니다.

신채호라는 인물을 어떻게 해석해야 할까

신채호가 열렬한 아나키스트, 그것도 급진적 테러리즘에 열광한 혁명가였다는 사실을 아는 사람이 얼마나 될까요. 게다가 그는 대한민국 임시 정부를 강력하게 비판했습니다 누구보다 앞장서

▶ 조선 혁명 선언(1923년) 중에서

강도 일본을 쫓아내려면 오직 혁명으로써 할 뿐이니, 혁명이 아니고는 강도 일본을 쫓아낼 방법이 없는 바이다. … 민중은 우리 혁명의 대본영(大本營)이다. 폭력은 우리 혁명의 유일 무기이다. 우리는 민중 속에 가서 민중과 손을 잡고 끊임없는 폭력·암살·파괴·폭동으로 강도 일본의 통치를 타도하고 우리 생활에 불합리한 일체 제도를 개조하여, 인류로써 인류를 압박치 못하고 사회로써 사회를 수탈하지 못하는 이상적 조선을 건설할지니라.

1923년 4월 14일자 『동아일보』에 실린 조선 혁명 선언 기사 ⓒ위키미디어 공용

서 임시 정부에 참여했지만 초대 대통령으로 선출된 이승만의 외교 노선에 맞섰고, 얼마 못 가 임시 정부에 한계를 느끼고 아예 선을 긋고 나왔습니다. 나중에는 임시 정부를 와해시키기 위한 활동까지 벌였을 정도입니다.

사실 오랫동안 역사학계는 신채호 인생의 후반부를 모르는 척하거나 예외적 활동으로 치부했습니다. "말년에 잠깐 일탈했다"라고 설명하고 넘어가거나, "아나키스트였지만 분명히 반일 노선에 섰던 민족주의자다"라는 해석으로 일관했죠. 그의 생애를 오롯이 드러내기보다는 독립운동을 대하는 한국 사회의 일반적인 풍토에 해석을 맞추기 급급했던 겁니다.

왜 신채호는 계속 변했을까요? 당시의 시대상을 생각해 보면 자연스러운 변화일지도 몰라요. 사회 진화론과 민주 공화정에 근거한 민족주의가 20세기 초반 전 세계를 휩쓸었습니다. 그 결과가 1919년 3·1 운동과 임시 정부의 탄생이라고 할 수 있습니다. 하지만 임시 정부를 비롯한 민족주의 활동은 실패를 거듭합니다. 같은 시기 러시아 혁명이 일어났고 1920년대에는 아나키즘, 사회주의 등 서구의 급진적 사조가 유행합니다. 이 시기에 계급과 노동 문제에 대한 고민도 시작되었죠. 일제를 타도하는 것을 넘어서 어떤 사회를 건설할 것인가에 대한 고민이 깊어집니다. 신채호는 이와 같은 시대 변화를 적극적으로 받아들였다고 볼 수 있어요.

이 시기 신채호의 고민은 오늘 우리와도 연결됩니다. 아나키즘이 외쳤던 인간 해방, 사회 해방, 노동 해방, 반제국주의, 국제 연대 등은 여전히 중요한 주제니까요. 빤하게 기억한다는 것은 빤하게 과거를 해석한다는 말과 같습니다. 신채호에 대한 빤한 해석에서 벗어난다는 것은 결국 현재를 새롭게 해석하겠다는 의지입니다. 역사적 사실을 바탕으로 새로운 시각을 갖게 된다면 그것은 고정 관념을 뛰어넘는 자신만의 생각일 것입니다. 신채호가 그런 모험을 통해 자신을 변화시켰듯이 말입니다.

헤이그 특사단의 계보

→ 역사에 다 끝나 버린
이야기는 없다

네덜란드 헤이그로 가는 길

헤이그 특사에 대해 들어 본 적 있나요? 대한 제국 고종 황제가 을사조약의 부당함을 알리기 위해 이준, 이상설, 이위종 세 사람을 1907년 네덜란드 헤이그에서 열린 만국 평화 회의에 파견한 사건입니다. 만국 평화 회의는 헤이그에서 1899년과 1907년에 두 차례 열렸습니다. 열강의 이해관계를 조정하고 군비를 축소하여 전쟁을 막는 것이 목적이었습니다. 이준 등이 가려 한 만국 평화 회의는 1907년의 2차 회의로 46개국의 주요 외교관과 군인이 참석했습니다. 목표는 '전쟁 법규'와 '교전 수칙' 등을 만드는 것이었습니다. 이때 세계는 식민지 쟁탈전이 격화되어 신상과 대립이 극심해졌고, 그만큼 대규모 전쟁에 대한 우려도 커졌습니다.

1차 회의에 초청받지 못했던 대한 제국은 2차 회의에 참가하기 위해 당시 만국 평화 회의의 총재였던 네덜란드 외무대신에게 공문을 보냈습니다. 1906년 6월 7일 러시아 정부는 도쿄 대사관을 통해 대한 제국의 만국 평화 회의 참가 여부를 일본 정부에 질문했고 일본은 외교권을 일본이 갖기로 한 을사조약에 따라 참가할 수 없다고 통보했습니다. 그리고 10월 9일 러시아 대사가 대한 제국의 참가 여부를 더 이상 묻지 않겠다고 일본 정부에 통지합니다.

고종은 비밀리에 특사를 파견하기로 결정합니다. 오랫동안 고종을 도운 선교사 호머 헐버트, 그리고 이준, 이상설, 이위종 등 다양한 인물을 물색하죠. 헐버트는 러시아와 프랑스 공사에게 한국 특사단의 평화 회의 참석을 의뢰했고, 헤이그 국제 재판소에서 한국의 법적 지위를 다룰 수 있는 방안을 알려 달라고 했습니다. 하지만 반응은 부정적이었습니다. 심지어 프랑스 공사는 어리석은 계책이라고 일축하고 헐버트의 행보를 이토 히로부미에게 밀고했어요. 그럼에도 불구하고 헐버트는 헐버트대로 이준 일행은 일행대로 특사 활동을 수행합니다.

이준, 이상설, 이위종

고종은 비밀리에 이준을 부릅니다. 이때 이상설은 블라디보스토크에서 독립운동을 하고 있었고 이위종은 아버지 이범진과 함께 모스크바에 있었습니다. 이준은 어떤 인물일까요? 헤이그 파견 당시 그는 49세였습니다. 1895년 한성 법관 양성소를 졸업한 후 한성 재판소에서 검사보로 일했습니다. 1898년에는 일본 와세다 대학에서 법학을 공부하고 왔으며, 1906년에 대한 제국의 최고 법원인 평리원 검사로 임명되었습니다. 이준은 행동파 검사였습니다. 을사오적을 처단하려다 체포된 나인영과 기산도를 석방시키려다 상관 불복종죄로 태형을 선고받고 파면까지 당했지요. 또한 그는 유능한 검사인 동시에 탁월한 활동가였습니다. 을사조약 체결 과정의 국제법상 문제를 비판했고 공진회, 신민회, 헌정 연구회, 국채 보상 연합회 등 여러 단체에서 활동하며 일본에 저항했습니다. YMCA의 명연설가로도 유명했으며 이론가의 풍모도 지녔기 때문에 여러모로 주목받았습니다.

1907년 4월 20일 이준은 가족에게도 비밀로 한 채 경부선을 타고 부산으로 갑니다. 그리고 배를 타고 블라디보스토크로 가서 이상설을 만나요. 이상설은 만주 룽징에서 민족 교육 기관인 서전 서숙을 운영하고 있었습니다. 나이는 38세. 그는 1905년 의정부 참찬 자격으로 을사조약을 목도한 뒤 "황제가 이를 거부하지 못할 지경이면 자결을 하시오"라는 상소를 올린 저돌적인 인물이에요. 한

규설, 민영환 등과 을사조약을 막기 위해 결사적으로 저항했지만, 한규설은 쫓겨났고 민영환은 회의장에 들어가지 못했으며 이상설은 이를 성토하다 혼절했습니다. 이후 민영환이 자결하자 따라 죽으려고 했다가 실패하고 만주로 향했습니다.

이준과 이상설은 상동 청년회, 신민회 활동을 함께한 사이였습니다. 1902년 일본이 영국과 동맹을 맺자 이들은 본격적으로 국권 수호 운동에 돌입했습니다. 1904년에는 일본이 황무지 개간권을 요구하자 함께 반대 운동을 벌입니다.

상동 교회의 청년회는 이 시기 애국 운동에서 매우 중요한 단체예요. 수많은 우국지사와 기독교 계열의 독립운동가가 이 단체에서 활동했죠. 1919년 3·1 운동의 핵심 조직 가운데 하나이기도 하고요. 상동 청년회는 극비리에 고종을 지원했고 이준과 이상설은 고종의 밀명을 받고 헤이그를 향해 출발합니다.

두 사람은 시베리아 횡단 열차를 타고 6월 중순에 상트페테르부르크에 도착합니다. 이곳에서 러시아 주재 공사였던 이범진의 아들 이위종이 합류했어요. 이위종은 아버지를 따라 일곱 살 때부터 해외에서 자라서 영어와 프랑스어, 러시아어에 능통했습니다. 세 사람은 6월 25일 목적지인 네덜란드 헤이그에 무사히 도착합니다.

자유 언론 운동과 영국 언론인 스테드

당시 유럽의 분위기는 어땠을까요? 주목할 부분은 언론인들 사이에서 '자유 언론 운동'이 일어나고 있었다는 점입니다. 영국 언론인 윌리엄 스테드와 그의 동료들은 세계가 평화로운 체제로 발전해야 한다는 믿음을 갖고 활동하고 있었어요. 그리고 이들이 헤이그 특사 일행을 발견합니다.

헤이그 특사는 네덜란드 헤이그 중심부에 있는 값싼 호텔을 잡고, 객실 창밖에 태극기를 걸고 회의 주최 측에 자신들의 도착을 알리는 등 공식 특사단처럼 행동해요. 6월 27일에는 대한 제국의 상황에 대한 호소문을 프랑스어로 작성해 평화 회의 의장 넬리도프와 각국 대표, 기자들에게 전달했습니다. 호소문의 논리는 명확했어요. "그동안 조선이 서양 열강과 맺은 조약에 조선의 독립을 인정하는 문구가 있으며 이는 여전히 유효하다. 외교권 박탈은 국제 조약에 저촉되는 조항이며 따라서 을사조약은 무효이다." 이렇게 논리적으로 조선의 독립을 주장한 겁니다. 하지만 열강의 대표들은 헤이그 특사단을 만나주지 않았어요.

6월 30일 평화 회의 본회의장 정문 앞에서 헤이그 특사는 유럽 여러 나라의 기자들과 인터뷰를 합니다. 그리고 열흘 뒤 7월 5일 현지 신문 1면에 헤이그 특사가 소개되었습니다. 기사의 제목은 「축제 탁자 위에 놓인 해골」입니다. "왜 대한 제국을 제외시키는가?", "우리는 평화의 제단을 찾아 헤이그로 왔다" 같은 부제목 아래에는 만국 평화 회의의 이상과 특사단의 목적이 부합하며, 조선의 상황은 국제법적으로 문제가 있다는 자세한 설명이 실려 있습니다.

그런데 기사 제목이 흥미롭지 않나요? 인터뷰 중 스테드가 이위종에게 "이집트 사람들은 죽음의 허무함을 상기하기 위해 축제의 탁자에 해골을 올려 놓는 관습이 있다"라고 말해 주었고 그 말을 들은 이위종은 "우리가 바로 평화 회의의 해골"이라고 대답했습니다. 만국 평화 회의가 정말로 평화의 장이 되려면 조선 문제를 외면해서는 안 된다고 비유적으로 표현한 것이죠.

7월 9일에는 스테드가 주관하는 각국 기자단 국제 협회에 헤이그 특사 일행이 참석합니다. 이때 이위종의 탁월한 연설이 화제가 되었어요. 「한국의 호소(A Plea For Korea)」라는 제목으로 기사화되었는데 을사조약의 강제성을 고발하고 일본의 폭정을 비판했습니다. 가장 중요한 부분은 이위종이 특사단을 단순히 고종의 신하로 보지 않았다는 겁니다. 이위종은 연설에서 "한국민들의 도전"이라고 거침없이 말했어요. 왕에 대한 충성을 넘어 민족과 주권을 지키고 싶어 하는 한민족의 대표자로 자신들을 소개한 것이죠. 요즘의 표현으로 바꾸면 이들은 '인민 주권'을 의식하고 있었습니다.

헤이그에서 사그라진 불꽃

한편 헤이그 특사단의 활동을 알게 된 이토 히로부미는 이 사건을 조선의 국면을 바꿀 기회로 판단합니다. 이토는 외무대신 하야시 다다스를 서울로 불러 고종의 퇴위를 종용하고 순종을 등극시

킵니다. 그리고 헤이그 특사 세 사람에 대한 재판을 열고 이상설에게 사형, 이준과 이위종에게는 종신형을 선고합니다. 이어서 정미 7조약을 체결하고 대한 제국 군대를 해산시켰어요. 특사 활동이 조선의 사정을 해외에 널리 알리긴 했지만 그 결과는 오히려 망국을 재촉한 것처럼 보입니다.

7월 14일 이준이 헤이그에서 서거합니다. 일본의 보고서를 보면 "얼굴에 난 종기를 제거하다 단독에 걸려 사망"했다고 되어 있습니다. 반면 이위종은 "선생은 뺨에 종기가 나긴 했으나 매우 건강했다. 세상을 떠나기 전까지 아무것도 먹지 않았으며, 전날 의식을 잃은 것처럼 잠들어 있었다. 저녁에 갑자기 벌떡 일어나더니 '이 나라를 구해 주소서. 일본이 우리나라를 강탈하려 합니다'라고 울부짖으며 가슴을 쥐어뜯다 숨을 거두었다"라고 당시를 설명합니다. 아마도 특사 활동이 한계를 보이는 가운데 상처에 세균이 감염되어서 사망한 것 같아요. 할복 자살을 했다는 이야기가 있지만 이는 사실이 아닙니다.

그의 죽음은 독립운동가들에게 엄청난 용기를 줍니다. 매년 이준 서거일을 기리며 독립 의기를 다지게 되었거든요.

꽃은 열매를 남기고, 투쟁은 또 다른 투쟁으로 이어진다

교과서에 기록된 헤이그 특사 활동은 여기까지입니다. 하지만 헤이그 특사단의 활동은 이것으로 끝나지 않았습니다. 아니, 더욱 저돌적으로 활동을 이어 나갔어요. 이위종과 이상설은 영국을 거쳐 미국으로 향했습니다. 런던에서는 항일 대표자 사무실을 세우려 했고 워싱턴에서는 시어도어 루스벨트 대통령과의 면담을 시도했습니다. 그리고 미국의 주요 도시를 순회하면서 독립을 호소할 계획도 세웠어요. 고종 퇴위에 얽매이지 않고 오히려 인민 주권론을 주장하며 독립운동을 이어 간 것입니다. 두 사람은 "조선의 인민이 동의하지 않았기 때문에 을사조약은 받아들일 수 없는 조약"이라고 주장했고, 조미 수호 통상 조약 제1조에 적힌 "제3국이 한쪽 정부에 부당하게 또는 억압적으로 행동할 때에는 다른 한쪽 정부는 원만한 타결을 위해 주선을 한다"라는 내용을 제시하며 미국의 행동을 촉구했습니다. 헐버트 또한 미국으로 돌아와서 이들의 활동을 후원하죠. 이위종은 '인민'이라는 용어를 거듭 사용하며, 특사단은 황제의 신하가 아니라 한국 인민의 대표라고 말합니다.

이 시기에 공립 협회라는 미주 지역의 한국 교민 단체가 특사단을 도왔습니다. 공립 협회는 국내의 상동 교회, 신민회 등과 연계되어 있었고 간도와 연해주, 즉 만주 일대에서도 활동했어요. 8월 1일 특사단이 뉴욕항에 도착하자 한인들은 공동회를 열고 을사오적 등 매국노 처단을 결의합니다. 공립 협회의 회원인 이재명이 공동회 대표를 맡았는데, 그는 1907년 10월 9일 이토 히로부미의 처단을 목표로 조선으로 돌아왔고 12월에 이완용 처단을 시도합니다.

같은 시기 통감부의 외교 고문인 더럼 스티븐스가 친일 활동을

이위종 ⓒ독립 기념관
이위종이 안창호에게 보낸 사진이다. 영어로 "나를 잊지 말라(Please do not forget me)"라고 적었다.

하고 있었습니다. 이에 공립 협회, 대동 보국회 등이 그를 단죄하기로 결의했고 1908년 3월 23일 전명운, 장인환이 미국 샌프란시스코에서 스티븐스를 처단합니다. 이 의거는 중국 상하이 교민들을 크게 자극했으며 이상설이 상하이에서 신한 혁명당 당수가 되면서 임시 정부 수립의 기반을 마련하게 됩니다. 스티븐스 처단이 이상설의 활동에 큰 도움이 된 겁니다.

1908년 상트페테르부르크로 돌아온 이위종은 아버지 이범진과 본격적으로 독립운동을 시작합니다. 두 사람은 당시 연해주 일대에서 활동하던 최재형, 이범윤과 동의회라는 단체를 결성합니다. 그리고 이 조직에 속했던 사람 중 한 명이 안중근입니다. 안중근은 미국에서 일어난 스티븐스 처단 의거 소식을 듣고 큰 감명을 받았고 이듬해에 이토 히로부미를 직접 처단합니다.

이렇게 이준, 이상설, 이위종 세 사람의 이야기는 헤이그에서 끝나지 않고 계속해서 새로운 사건과 인물로 이어집니다. 특사 역할에 실패하고 끝났다고 생각했지만 새로운 이야기가 만들어지면서 결국 이후에 전개될 독립운동의 토대가 형성되었습니다. 헤이그 특사, 이재명 의사의 이완용 처단 의거, 장인환·전명운 의사의 스티븐스 처단, 안중근 의사의 이토 히로부미 처단으로 독립운동사가 나비 효과처럼 이어집니다. 그리고 이 흐름은 한일 병합 이후 독립운동의 가장 중요한 기틀이 되었습니다. 고종의 의도를 뛰어넘어, 수많은 이들의 의지와 결단이 이어지며 역사를 써 내려갔습니다.

2장

우리는 매일 매 순간 오늘이라는 미래를 살아가고 있습니다. 어떤 것을 기대하면서, 무엇인가를 이루기 위해 오늘을 만들어 갑니다. 인간은 꿈을 꿀 수 있고 희망을 가질 수 있고 다른 것을 생각할 수 있기 때문에 가능한 일이에요. 오늘 우리의 입장에서 우리의 관심에 따라 과거를 살펴볼 필요가 있습니다. 교과서에 나와서, 혹은 누군가가 중요하다고 말해서 공부하는 것이 아니라 지금 여기에서 우리의 고민을 해결하기 위해 적극적으로 교과서에 없는 이야기, 시험에 나오지 않는 역사적 사실, 누구도 중요하다고 가르치지 않는 것들에 관심을 가져야 합니다. 그러면서 질문하고 비판할 수 있는 능력을 길러야 합니다. 이 과정을 거치면 누구라도 역사 공부의 특별한 재미를 깨닫게 될 것입니다.

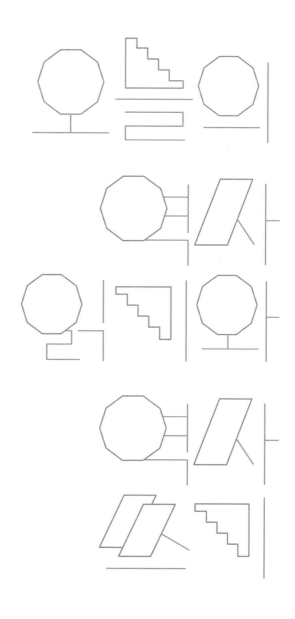

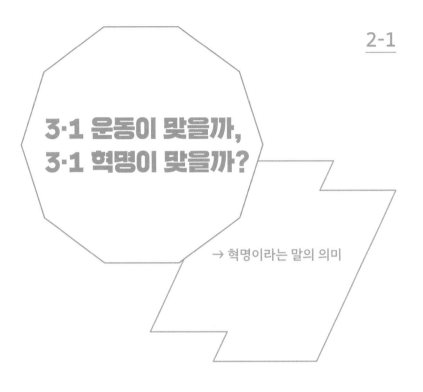

3·1 운동이 맞을까, 3·1 혁명이 맞을까?

→ 혁명이라는 말의 의미

왜 우리는 역사 앞에서 분노할까?

역사는 문학, 철학과 더불어 가장 오래된 학문입니다. 고대부터 사람들은 상상력을 자극하고 창조력을 기르기 위해 역사를 공부했습니다. 그런데 최근 우리나라에서는 역사를 두고 감정 대립을 하는 일이 많습니다. 그럴 수밖에 없긴 한 것이, 주변국인 일본과 중국의 역사 왜곡이 끊이지 않기 때문입니다. 더불어 우리나라 안에서도 역사 교과서 국정화 문제를 놓고 홍역을 치르기도 했고, 역사를 바탕으로 영화나 드라마를 만들 때에도 매번 그것이 사실인지 왜곡인지를 놓고 다툽니다. 논란이 반복되면서 역사 이야기만 나와도 발끈하는 모습을 자주 볼 수 있습니다. 그러더니 이제는 역사적 사건을 어떻게 부를 것인지, 특정한 개념을 무엇이라고 칭할 것인지를 놓고도 갈등이 벌어지고 있어요.

일본군 위안부는 이런 갈등의 대표적 사례입니다. 태평양 전쟁 때 일본이 전선에 여성을 동원했다는 사실이 알려진 초기에는 위안부가 아니라 정신대라는 단어를 사용했습니다. 위안부 피해자들의 회복을 돕는 단체의 이름도 한국 정신대 문제 대책 협의회였어요. 하지만 최근에는 이 단어를 사용하지 않습니다. 정신대는 1944년 8월 23일 일제가 조선에서 실행한 여자 정신 근로령에서 따온 단어입니다. 당시 12세에서 40세 사이의 미혼 여성을 근로 요원으로 동원하여 무기를 만드는 공장 등에 배치했습니다. 하지만 일본군 위안부 동원에 관한 기록은 훨씬 앞선 1931년 일본 해군 자료에 등장합니다. 그리고 1937년 중일 전쟁이 발발하자 이듬해 1월 일제가 국가 총동원령을 시행하면서 본격적으로 위안부가 전선에 배치되기 시작했습니다.

정신대라는 단어는 훨씬 이른 시기부터 위안부가 광범위하게 동원되었다는 사실을 가립니다. 또한 정신 근로령으로 동원된 여성의 다수는 군수 노무에 종사했기 때문에 위안부 피해자를 가리키는 용어로 적합하지 않습니다. 따라서 최근에는 '일본군 위안부'(또

조선 근로 정신대 ⓒ위키미디어 공용
1945년, 경상남도 진해의 51 해군 항공창에
배치된 조선 근로 정신대.

는 줄여서 위안부)나 '일본군 성 노예'라고 말합니다. 이 일을 역사적
으로 정확하게 설명하기 위해서요. 위안부는 당시에 쓴 명칭으로
그 자체로 역사성을 갖고, 성 노예는 사건의 본질을 정확히 표현합
니다.

　비슷한 예로, 간혹 근로자라는 말을 노동자로 바꾸어야 한다는
주장이 화제가 되곤 합니다. 근로자는 일제 강점기 때 일본인이 쓰
던 노동 억압적 표현이기 때문에 노동자로 바꾸어야 한다는 것이
죠. 하지만 역사적 사실은 조금 다릅니다. 근로자라는 단어를 일제
강점기 이전에도 사용했습니다. 독립운동가들이 조선의 근로자

를 독려하기 위해, 근로의 가치를 역설하기 위해 쓴 글을 찾는 일도 어렵지 않습니다. 사실 근로자는 틀렸고 노동자가 맞다는 주장은 1980년대 대학가의 진보적인 노동 운동에서 시작됐습니다. 노동 주체성을 찾고 정부와 기업이 노동자를 존중해야 한다는 생각에서 근로자 대신 노동자라는 용어를 선호한 것이죠.

역사에 이름을 붙일 때 무엇을 생각해야 할까?

일제 강점기라는 표현도 비슷합니다. 우리는 오랫동안 1910년부터 1945년까지 일제에 국권을 빼앗겼던 시기를 일제 시대라고 불렀습니다. 그러다 2000년대 들어 한국사 교과서가 개정되면서 일제 강점기로 바꿔 썼습니다. 사실 두 말은 동의어입니다. 일제란 '일본 제국주의'의 줄임말이기 때문입니다. 제국주의는 다른 나라를 식민지로 삼는 것이 기본 전제입니다. 사전에는 "우월한 군사력과 경제력으로 다른 나라나 민족을 정벌하여 대국가를 건설하려는 침략주의적 경향"이라고 나옵니다. 일제 시대는 일본 제국주의의 시대를 말하고 일제 강점기는 일본 제국주의가 조선을 강제로 점령한 시기를 말하니, 두 단어의 차이는 뒤의 말이 제국주의의 불법성을 강조했다는 정도입니다. 이걸 두고 어떤 말이 옳은지 다툴 이유가 없습니다.

을사조약과 을사늑약도 마찬가지입니다. 조약은 "국가 간의 권리와 의무를 합의에 따라 법적으로 규정하는 일"입니다. 그리고 늑약이란 "억지로 맺은 조약"이란 뜻입니다. 그런데 국가 간의 조약은 지금도 불평등한 성격이 강합니다. 국제 관계라는 것이 수평하지 않기 때문에 발생하는 현상인데, 과거 제국주의 시대에는 불평등 정도가 더욱 심했습니다. 일본과 조선뿐 아니라 프랑스와 베트남, 영국과 인도도 제국과 식민지 관계였습니다. 제국주의 국가는 다른 나라를 식민지로 만들 때 항상 조약을 맺었습니다. 합법적으로 보이려 한 것이에요. 19세기 말~20세기 초의 제국주의 시대에 전 세계에서 수많은 조약이 맺어지는데 대부분이 강제 조약이었습니다. 1905년 일제가 대한 제국의 외교권을 박탈한 사건을 을사조약으로 부르든 을사늑약으로 부르든 의미가 다르지 않다는 말입니다. 을사조약만 콕 집어서 늑약이라고 부르는 것에 동의하지 않는 학자도 많습니다. 당시 세계에서 일어난 수많은 조약이 힘에 의해 강제되었고, 일제와 조선이 맺은 다른 조약도 다 강제성을 갖기 때문입니다.

아주 예외적인 경우를 제외하면 역사 용어를 두고 싸우거나 흥분할 필요는 없습니다. 더구나 역사 용어는 계속 바뀝니다. 6월 민주 항쟁도 과거에는 6월 봉기라고 불렸고 4·19 혁명은 4·19 의거라고 불렸습니다. 용어에 문제가 있거나 용어가 역사적 사실을 충분히 표현하지 못할 경우 학문적 논의를 거쳐 바뀝니다. 그러므로 역사 용어를 두고 감정싸움을 할 것이 아니라 시대정신을 바탕으로 토론을 해야 합니다.

역사 용어의 정치학

2019년은 3·1 운동과 대한민국 임시 정부 수립 100주년이었습니다. 이를 기념하여 다양한 행사와 학술회의가 열렸는데, 여기에서 3·1 운동을 3·1 혁명으로 부르자는 주장이 제기되었습니다. 대한민국 임시 정부 수립일인 4월 11일을 건국절로 정하자는 말도 나왔습니다. 또한 오래전부터 동학 농민 운동을 동학 혁명이라고 부르자는 주장이 이어지고 있습니다. 이런 주장들은 3·1 운동과 동학 농민 운동, 그리고 임시 정부의 의미를 격상시키려는 시도입니다. 한국 근현대사의 주요 사건을 혁명과 건국으로 고쳐 부르면 그만큼 사건의 위상을 높일 수 있으니까요.

 아직까지 대부분의 학자들은 이 주장에 동의하지 않습니다. 왜 일까요? 우선 혁명이라는 단어는 무조건 긍정의 의미만 갖지 않습니다. 프랑스 혁명, 러시아 혁명, 시민 혁명, 산업 혁명처럼 보통 혁명은 역사의 분기점을 만든 대단한 사건들입니다. 하지만 혁명은 급격한 사회 변화를 유발하고 거대한 사회적 충격과 혼란이 뒤따릅니다. 시민 혁명과 산업 혁명은 인류 역사를 바꿔 놓았습니다. 신분제와 계급이 사라지고 자본주의를 등장시켰으니까요. 하지만 혁명 과정에서 많은 사람들이 죽었고 여러 나라가 심각한 혼란에 빠졌습니다. 프랑스 귀족들은 반혁명을 외치며 군대를 모아서 혁명군을 공격했고, 로베스피에르 같은 급진 혁명파는 반혁명을 막기 위해 공포 정치를 실시해 수많은 사람을 단두대로 보냈습니다. 산업 혁명은 노동 문제를 불러왔습니다. 열두 살 어린이가 탄광에서 일해야 했고 노동자 가구의 영아 사망률은 97퍼센트까지 치솟았습니다.

 혁명의 모든 부분이 긍정적이고 아름답지만은 않다는 말입니다. 무작정 특정한 사건을 멋있어 보이게 하려고 혁명이라는 이름을 붙이면 그것이야말로 역사 왜곡이겠죠.

운동과 혁명의 차이

 동학 농민 운동이나 3·1 운동에 혁명이라는 단어를 붙일 수 있는지 조금 더 생각해 볼까요. 비슷한 시기에 중국에서 태평천국 운동과 신해 혁명이 일어났습니다. 앞의 사건은 운동이고 뒤의 사건은 혁명이군요. 왜 그럴까요?

태평천국 운동은 홍수전이 주도했고 신해 혁명은 쑨원이 주도했습니다. 그리고 수많은 사람이 여기에 참여했습니다. 1851년에 시작해 1864년까지 이어진 태평천국 운동은 청나라의 근간을 뒤흔들었습니다. 그리고 1911년에 일어난 신해 혁명으로 청나라가 멸망하고 중화민국이 건국되었습니다. 신해 혁명이 단지 앞의 국가를 무너뜨리고 새 나라를 세웠기 때문에 혁명이라는 이름을 독차지한 것은 아닙니다. 태평천국 운동은 청나라 왕조에 대한 백성의 반란으로 아래로부터의 저항이 분명하지만, 근대 민족 국가로 나아가야 한다는 방향은 제시하지 못했습니다. 신흥 종교에 심취한 민중들이 일으킨 민란의 성격이 강하죠. 이에 반해 신해 혁명은 민족주의, 민권주의, 민생주의를 주장하며 혁명파를 결집했고 전근대 왕조와 전혀 다른 방향성을 추구했습니다. 둘 다 중국사의 중요한 사건이지만 태평천국 운동은 상대적으로 구체성이 결여되어 있고 방향성이 부족하다는 평가를 받습니다. 그런 측면에서 혁명이 아니라 운동이라고 부르게 되었습니다.

동학 농민 운동도 비슷합니다. 당시에는 동학난이라고 불렀습니다. 조선 왕조에 대항하여 동학도들이 일으킨 반란이라는 부정적 의미로 난(亂)이라는 용어를 사용한 겁니다. 하지만 시간이 흐르며

이 사건은 점점 더 중요한 의미를 갖게 되었습니다. 신분제 타파와 반봉건, 반외세 등 구체적인 개혁을 요구했고 나아가 일제의 침략에 저항했기 때문에, 이후 난이 아니라 운동으로 이름이 바뀌었습니다. 하지만 혁명이라고 부르기에는 한계가 뚜렷하죠. 왕조를 무너뜨린 것도 아니고, 일본을 물리친 것도 아니고, 무엇보다 신해혁명처럼 뚜렷하게 근대성을 보여 주지 못했으니까요.

3·1 운동 역시 마찬가지입니다. 3·1 운동이 한국 근현대사의 가장 중요한 사건이라는 것은 설명할 필요가 없습니다. 식민지 치하에서 민족 구성원들이 자발적으로, 그것도 100만 명이 넘는 민중이 스스로 독립을 선포했으니 이보다 위대한 민족사적 사건이 있을까요? 하지만 한계도 명확합니다. 결정적으로 일본 제국주의를 타도하지 못했고, 일제의 폭압으로 속절없이 무너졌습니다. 이후 임시 정부가 수립되고 봉오동과 청산리에서 독립군이 일본군을 상대로 승리를 거두기도 했지만, 다른 한편에서는 이광수와 최린처럼 낙심한 민족 지도자들이 친일파로 변절한 시발점이기도 했죠. 독립운동의 구심점을 만들었다는 점에서는 의미가 있지만 구체제의 해체나 급격한 사회 변화가 일어나지는 않았습니다. 쉽게 말해 혁명이라 부를 만큼 크게 바뀐 게 없다는 겁니다.

오해할 필요는 없습니다. 운동이라는 단어를 썼다고 해서 혁명보다 못하다는 뜻이 아닙니다. 각각의 사건은 각각의 의미를 지니고, 역사 용어는 그 의미에 가장 부합하게 이름을 지으면 됩니다.

역사 읽기는 과거와 현재의 대화, 역사 교육은 역사가와 시민의 대화

건국절 문제는 조금 더 복잡합니다. 건국절은 2006년 서울 대학교 경제학과 이영훈 교수가 『동아일보』에 「우리도 건국절을 만들자」라는 칼럼을 발표하며 시작되었습니다. 이후 뉴라이트를 비롯한 정치적 보수파들이 1945년 8월 15일의 광복이 아니라 1948년 8월 15일의 건국을 기념하자고 주장했습니다. 그런데 이 주장은 역사 논쟁이 아니라 정치 논쟁에 가깝습니다. 2008년에 이명박 정부에서 건국 60주년 기념사업 위원회를 발족하며 사회적 파장이 커졌기 때문입니다. 수많은 단체가 정부가 추진하는 기념사업에 반대 성명을 발표하고 헌법 소원까지 제기하는 등 비판이 쏟아졌습니다. 이 와중에 일각에서는 "이럴 거면 차라리 1919년 대한민국 임시 정부 수립일을 건국절로 하자"는 주장까지 나왔습니다.

하지만 이 주장도 동의를 얻지 못했습니다. 우선 1919년 4월 11일을 건국절로 지정하는 것 자체가 역사 왜곡입니다. 3·1 운동의 결과로 만들어진 정부는 하나가 아니라 셋입니다. 교과서에서 배운 것처럼 서울에 한성 정부, 연해주에 대한 국민 의회, 그리고 상하이에 임시 정부가 생겼습니다. 그리고 4월부터 다섯 달 동안 안창호를 중심으로 한 독립운동가들이 세 정부의 통합을 준비합니다. 마침내 9월에 상하이에 대한민국 임시 정부가 수립됩니다. 상하이 임시 정부가 한성 정부를 계승하고, 대한 국민 의회 조직을 받아들인 형태였습니다. 한성 정부는 전국 13도의 대표가 서울에 모여 국민 회의를 열고 한국의 독립과 정부 수립을 선포했다는 점에서 중요합니다. 다른 정부와 다르게 한성 정부만 직접적인 민의를 바탕으로 만들어졌으니 그 정통성을 인정한 거죠. 한편 연해주의 대한 국민 의회는 무장 독립 투쟁을 주도했다는 측면에서 중요합니다.

이 세 조직의 통합이 완성된 것이 1919년 9월입니다. 그리고 이때 처음으로 그 이름을 '대한민국 임시 정부'로 정했습니다. 그런데 4월 11일만 강조하면 복잡한 과정을 모두 지우고 상하이 임시 정부만 남게 됩니다.

또한 건국절은 남북 문제와 연결됩니다. 남북은 3·1 운동과 대한민국 임시 정부를 바라보는 관점이 꽤 다르기 때문입니다. 우리 헌

상하이의 대한민국 임시
정부 건물 ⓒ도산 안창호
기념관

1920년 1월 1일 대한민국 임시 정부 신년 축하 기념사진 ©독립 기념관

법은 3·1 운동과 임시 정부가 대한민국의 기초라고 인정합니다. 북한도 3·1 운동의 중요성은 인정하지만 그 결과를 임시 정부로 보지 않습니다. 오히려 3·1 운동 이후 본격적으로 시작된 한인 사회주의 운동을 더 중요하게 생각합니다. 그러니 임시 정부 수립일을 건국절로 정하면 향후 남북 관계에서 문제가 발생할 가능성이 있습니다. 궁극에 남북이 통일로 나아가기 위해서는 민족사를 어떻게 해석하고 정의할지 고려해야 하는 것이지요.

이처럼 역사 용어는 과거의 사실과 미래의 방향을 종합적으로 고려해서 가장 적합한 해석을 도출하는 과정에서 정해집니다. 단순히 사실을 객관적으로 조망하는 것을 넘어서 오늘과 내일의 의미까지 찾는 것이 역사학이라는 학문의 궁극적 목적이기 때문입니다. 그런 의미에서 역사를 공부할 때는 내 생각이 틀릴 수도 있다는 점을 염두에 두고 여러 주장을 검토하고 고민해야 합니다. 영원히 변하지 않는 사실은 없습니다. 마찬가지로 기존의 주장을 언제든지 반박할 수도 있습니다. 그다음에 더 탄탄한 근거와 논리를 제시하고 새로운 대안을 말하면 됩니다. 이것이 역사를 공부하는 사람의 가장 중요한 규칙입니다. 규칙을 알았으니 이제 조금 더 적극적으로 역사를 해석해 보면 어떨까요?

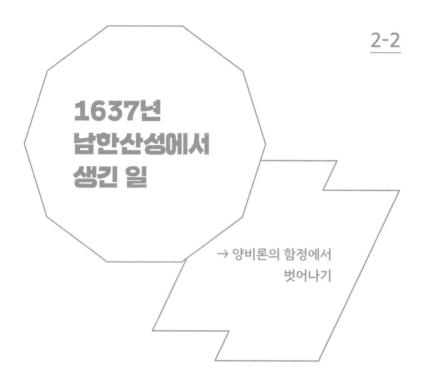

1637년 남한산성에서 생긴 일

→ 양비론의 함정에서
벗어나기

영화는 영화다? 영화도 역사다?

영화는 영화일 뿐이죠. 각자가 재밌게 보고 그 속에서 의미를 찾으면 그만입니다. 〈어벤져스〉를 본 뒤 "저건 과학적으로 불가능한 이야기야"라고 비판하는 사람은 없습니다. 하지만 종종 한국 영화를 대할 때, 특히 역사물을 두고 사실 여부에 예민해지곤 합니다. 영화든 드라마든 어떤 역사 콘텐츠가 인기를 얻으면 그 내용을 사실로 받아들이는 사람이 생기기 때문입니다.

영화나 드라마를 둘러싼 논란이 갈수록 늘고 있습니다. 2016년 8월에 개봉한 영화 〈덕혜 옹주〉의 경우 고종 독살설, 덕혜 옹주의 사회 운동설, 영친왕의 임시 정부 망명설을 차용했다는 이유로 큰 비판을 받았습니다. 영화에서는 고종이 일제에 의해 암살당한 것으로 나옵니다. 사실 이 주장은 고종 사망 직후에 제기되었습니다. 고종의 장례일인 3월 3일을 앞두고 3·1 운동이 시작되었는데, 이때 고종이 일제에 의해 암살당했다는 광범위한 믿음이 운동의 강력한 동력으로 작동했습니다. 하지만 수많은 의심과 연구에도 불구하고 독살설은 여전히 '설'로만 남아 있어요. 당시의 소문은 근거 없는 풍문에 불과했고, 무엇보다 일제는 식민 체제에 협력하던 고종을 암살할 이유가 없었으니까요.

고종의 딸인 덕혜 옹주는 민족 운동은커녕 사회 운동도 한 적이 없습니다. 영친왕의 아내였던 이방자 여사가 해방 이후 한국으로 돌아와 사회 운동에 참여했는데, 영화는 이 일화를 덕혜 옹주의 이야기로 각색한 것 같습니다.

한편 고종의 아들인 영친왕은 1927년에 부인과 함께 상하이 방문 계획을 세웠습니다. 이를 안 대한민국 임시 정부에서 영친왕 부부를 납치하려 했지만 계획이 탄로나 실패했던 일이 있습니다. 영친왕은 일제에 의해 식민지 조선의 이왕직(구 조선 왕조의 계승자)을 물려받았고, 명예직이긴 하지만 군사 지휘관으로 태평양 전쟁에 참전했을 정도로 일제의 이익을 위해 행동했습니다. 그런 그가 임

일본 황태자의 조선 방문 ⓒ일본 국립 국회 도서관

1907년 대한 제국을 방문한 일본 제국 황태자 요시히토(정중앙)가 대한 제국 황태자 이은(바로 옆 소년)을 비롯한 사람들과 경복궁 경회루에서 찍은 사진이다.

시 정부 망명을 시도했다는 것은 난센스라고 할 수 있어요.

사극을 둘러싼 오해와 논란

일각에서는 덕혜 옹주와 영친왕의 처지를 안타깝게 여기기도 합니다. 둘 다 대한 제국이 일제에 강제 병합될 때 일본 황족과 정략결혼을 한 뒤 사실상 볼모로 일본에 잡혀갔기 때문입니다. 덕혜 옹주의 경우 조현병(사고의 장애나 감정, 의지, 충동 등으로 인한 인격 분열 증상) 증세가 심했는데, 이를 두고 일본인 남편이 못살게 굴어서 그렇게 되었다고 말하는 사람도 있습니다. 영친왕은 어렸을 때 이토 히로부미에게 끌려가 세뇌를 당했다고 말하기두 합니다. 정말로 그랬을까요?

오히려 덕혜 옹주의 남편은 다정다감한 사람이었다는 증언이 많습니다. 그리고 조현병의 발현은 유전적 요인이 더 크다고 하고요. 두 사람이 볼모로 끌려갔다고는 하지만 왕족이었기 때문에 특별 대우를 받았고, 나아가 조선 민중과 독립운동가들의 투쟁을 모를 리 없었음에도 평생을 일본 제국주의에 순종했으니 그 행동을 동정하기는 어렵습니다.

그렇다고 영화를 무조건 역사에 맞추어서 만들 필요는 없습니다. 불가능한 일이기도 하고요. 아무리 자료가 많더라도 당시 일어난 일을 똑같이 재현할 수는 없거든요. 과거에 벌어진 모든 일이 기록으로 남아 있지도 않고 인간의 복잡한 심리와 시대의 복합성 등을 고려한다면 "역사를 완벽히 고증했다"라는 광고는 거짓말이라고 봐도 무방합니다. 그렇다면 결국 대답은 뻔해집니다.

"영화는 영화로 보고, 역사는 교육을 통해 배워야 한다." 그런데 이 또한 말처럼 간단하지 않아요. 우리나라의 역사 교육은 암기와 시험의 반복이잖아요. 그 결과 학생들은 역사에 대한 흥미를 잃어버리고 말았습니다. 단순 암기를 강요하는 역사 교육이 풍부하고 다양한 역사적 상상을 방해했습니다. 영화를 사실의 차원이 아니라 영감의 차원으로 이해하고, 또한 영화가 말하는 메시지를 비판적으로 해석하기 위해서는 관객의 인문적 소양이 필요한데, 현재의 교육은 소양을 기르는 데 적합하지 않습니다. 그러다 보니 매번 소모적인 논란만 반복되는 것 같습니다.

의미를 따져 보는 건 어떨까?

영화를 보고 현실에 조금 더 긍정적인 결과를 도출하려면 어떻게 해야 할까요? 그것이 사실인지 거짓인지를 두고 논쟁하는 것이 아니라 그 영화가 어떤 의미를 담고 있는지를 토론해 보면 어떨까요? 단순한 '사실 논쟁'이 아니라 '의미 논쟁'을 하는 거죠. 20여 년 전에 엄청난 인기를 얻었던 드라마 〈허준〉에는 주인공 허준이 시신을 해부하고 위암 환자를 고치는 장면이 나옵니다. 그런데 이 장면은 사실이 아닙니다. 동양 의학에서는 시신을 해부하지 않았고, 위암은 지금도 한의학으로는 고칠 수 없습니다. 또한 2008년의 인기 드라마 〈바람의 화원〉에서는 주인공 신윤복을 도화서 화원으로 일하는 남장여자로 묘사합니다. 김홍도와 연애를 했고 김홍도를 뛰어넘었다는 식으로 표현하죠. 그럼 정말로 신윤복이 여자였을까요? 그럴 리가요. 상상에 불과합니다. 더구나 신윤복이 실제로 도화서에서 일했는지도 논란이 있고 김홍도와의 관계 또한 뚜렷하게 밝혀지지 않았습니다.

이런 것들이 소위 사실 논쟁입니다. 사실과 다른 부분을 밝히는

신윤복, 〈월야밀회〉, 유리 건판 ⓒ국립 중앙 박물관

일이죠. 그런데 결론이 사실과 다른 것으로 나오면 곧 역사 왜곡이 되고, 역사를 왜곡했으니 잘못이라는 식의 싸움이 반복됩니다. 냉정히 따지면 '사실과 다르기 때문에 역사 왜곡이다'라는 판단도 문제입니다. 왜곡이라는 단어를 사용하려면 의도성이 있어야 하고, 의도한 결과가 있어야 합니다. 하지만 대부분의 역사 콘텐츠는 나쁜 의도를 가지고 구성되기보다는 흥미를 위해 이야기를 고치는 경우가 더 많기 때문에 왜곡이라기보다는 오류에 가깝다고 할 수 있습니다.

병자호란의 주전파와 주화파

그렇다면 의미 논쟁이란 어떤 것일까요? 이번에는 영화 〈남한산성〉을 예로 들어 보겠습니다. 2017년에 개봉한 이 영화는 1636~37년 겨울의 병자호란을 배경으로 만든 역사물입니다. 극의 전반적 흐름은 실제 사건과 유사하게 진행됩니다. 청나라 군대가 몰려오자 왕과 신하들은 남한산성으로 들어가 성문을 걸어 잠급니다. 영의정 김류를 비롯한 신하들은 적을 물리칠 방법을 찾기는커녕 저항과 항복 사이에서 오락가락하죠. 임금도 소리만 지를 뿐 과감한 결단이나 위기를 돌파할 리더십을 발휘하지 못했습니다.

이때 최명길과 김상헌이 사태 해결을 위한 방법을 놓고 격돌했습니다. 영화에서 배우 이병헌이 연기한 최명길은 주화론, 그러니까 청나라와 화의를 하자고 주장합니다. 반면 배우 김윤식이 연기한 김상헌은 주전론, 청나라와 끝까지 싸워야 한다고 강조했습니다. 한국사를 공부한 학생들에게도 익숙한 장면입니다. 병자호란 당시 주화파와 주전파가 대립한 것은 대표적인 암기 사항이니까요.

흥미로운 점은 이 영화는 최명길로 대표되는 주화파와 김상헌으로 상징되는 주전파 중 한쪽만 옳다고 보여 주지 않습니다. 오히려 양쪽의 진정성을 균형 있게 표현하려고 노력한 것 같습니다. 그런데 최명길에 대한 영화의 묘사는 실제와 꽤 다릅니다. 최명길은 영화에서처럼 타협만 주장하지 않았습니다. 그가 주화파였던 것은 맞지만 실제로는 주전파보다 훨씬 자주, 그리고 분명하게 전투를 해야 한다고 주장했습니다.

"평안도 방어선을 지켜야만 한다." "황해도 방어선이라도 만들어야 한다." "화의를 위해서라도 몇 차례 기습전을 벌여야 한다." 모두 최명길이 한 말입니다. 그는 굴욕적인 회담을 주장하지 않았습니다. 그에게 무엇보다 중요한 것은 백성의 안위였기 때문입니다. 조정이 남한산성으로 피난을 가든 강화도로 도망을 치든, 보다 중요한 건 백성입니다. 따라서 병자호란 초기에 최명길은 청천강이나 대동강에 방어선을 구축하자고 주장합니다. 백성을 지키기 위해서요. 또한 평안도 사람들은 오랫동안 외적을 막으며 싸움에 능숙했기 때문에 그 전력을 보존하는 일이 중요하다고 판단했습니다. 그 뒤에는 황해도 아래 지역과 조정의 권위를 보존하기 위해 임진강에 방어선을 치자고 제안했습니다. 문제는 그의 제안을 실행할 병력이 없었다는 점입니다. 결국 최명길은 남한산성에서 항쟁을 하되 남은 병력을 수습하여 기습전을 펼치자고 이야기합니다. 적을 놀라게 하고, 조선군의 저력을 보여 준 뒤 유리한 조건으로 화의를 맺으려는 계획입니다. 즉 최명길은 최악의 조건에서 최선의 결과를 찾는 현실주의자였습니다.

이에 반해 김상헌 같은 주전파는 말로만 전쟁을 앞세웠습니다. 문제를 해결할 수 있는 구체적인 전략이 없었거든요. "청나라는 오랑캐이다. 오랑캐에게 지는 것은 굴욕이다. 굴욕을 피하기 위해 나가 싸워야 한다"라고만 말했습니다. 그런데 어떻게 싸워야 할까요? 당시에는 군사 작전을 위해서 최소한 1만 명의 병력이 필요했습니다. 하지만 임진왜란 이후 군사력은 복구되지 않았고 광해군을 몰아내고 권력을 잡은 인조는 군사 훈련에 소극적이었습니다. 군사 훈련을 빌미로 또 다른 반란이 일어날까 봐 걱정한 것이죠.

김상헌 등에게 중요한 것은 명분이고 명예였어요. 이들은 끊임없이 상소를 올려서 결전을 요구했습니다. 더구나 이런 주장을 한 근본적인 이유는 명나라에 대한 충절 때문입니다. 영화에서는 김상헌이 화의를 인정하지 못하고 자결하는 것으로 나오지만 이 또한 사실이 아닙니다. 당시 김상헌을 비롯한 주전파는 인조가 청나라 황제 홍타이지에게 무릎을 꿇을 때 자결하지 않았습니다. 김상헌은 최명길과 함께 청나라로 끌려가서 갖은 고초를 당했는데 청황제 앞에서 절을 하라고 하니까 허리가 아프다는 이유를 들어 회피합니다. 끝내 지조를 지켰다고 할 수도 있지만 영화에서 보여 준 기백이나 결기와는 꽤 다른 모습입니다.

정답은 꼭 균형 잡혀 있어야 할까?

'영화가 아니라 완전히 역사 왜곡이잖아!'라는 생각이 드나요? 저는 이렇게 화낼 일이 아니라고 생각합니다. 영화는 영화니까요. 감독이 자기 나름의 상상력을 발휘한 결과물이고, 거기에는 관객에게 전달하려 한 메시지가 담겨 있습니다.

바로 이 지점에서 의미 논쟁을 시작할 수 있습니다. 이 영화는 철저하게 양비론을 취합니다. 최명길의 의견도 역사적 가치가 있고, 김상헌도 역사적 가치가 있다는 시각을 드러내죠. 하지만 과연 그럴까요? 당시로 돌아가며 결국 둘 중 하나를 선택해야 하는데, 둘 다 의미가 있다고 보는 것은 지나치게 결과만 생각한 게 아닐까요.

사회·문화 교과서를 펼치면 기능론과 갈등론을 두고 "각각 이런 특징이 있고 이런 한계가 있으니 양자의 단점을 빼고 장점을 취하자"라는 설명이 나옵니다. 사회과 계통의 교과서는 매번 이런 식으로 결론을 내립니다. 그런데 이게 합리적인 생각일까요?

"〈남한산성〉에서 그린 극적 흐름은 그럴듯해 보이지만, 사실 감독은 환상에 불과한 이야기를 펼치고 있다. 역사 기록을 검토하더라도 주화론과 주전론을 저울에 놓고 비교하는 것은 잘못된 생각이다." 이처럼 영화적 상상력이 가진 한계를 역사적 실증성에 근거해서 비평을 하고 동시에 양비론이라는 익숙한 사고방식에 문제를 제기할 수도 있습니다.

꼬리에 꼬리를 물고 이어지는 역사 이야기

"굴복할 수밖에 없다. 그렇다면 가장 좋은 조건으로 굴복하자." "절대 굴복할 수 없다. 모두가 죽음을 각오하고 끝까지 싸우자." 최명길과 김상헌의 타협 불가능한 논리를 인정한다면 이 지점에서 또 다른 토론을 시작할 수 있습니다. 이때 만약 주전파의 입장이라면 모두가 깨끗이 패배하고 죽는 것이 대안은 아닐 테니 다른 방법을 제시해야 합니다. "굴복할 수 없다. 하지만 당장은 적을 물리칠 수 없으니 우선 항복한 뒤 실력을 길러 복수하겠다." 이런 식으로 말입니다.

실제로 10여 년 뒤 인조의 아들인 효종이 북벌을 외칩니다. 청나라를 상대로 복수전을 펼치기 위해 군사력을 증강했어요. 효종은 주전파의 논리를 계승하고 있습니다. 그렇다면 이번에는 효종의 북벌론을 어떻게 바라봐야 할까를 두고 의미 논쟁을 해 볼 수 있습니다.

역사적 사실을 검토하고, 그것을 결과로 새 가설을 제시하면서 토론을 이어 나가는 것입니다. 이런 방식으로 이야기를 엮어 나간다면 영화는 영화대로 즐겁게 보고, 역사적 사실을 적절하게 활용하여 사실과 오류를 구분하고, 훨씬 유익하고 흥미로운 토론을 할 수 있습니다.

방식을 조금만 바꾸고 감정을 자제하면 영화와 역사 사이에서 훨씬 재미있고 유익한 토론을 이끌어 낼 수 있습니다. 역사적 사실은 감정 대립의 도구가 아니라는 사실을 확인하면서 말이에요.

조선 시대
입시 멸망기

→ 문제의 선례를 찾는
역사 탐구

입시 공화국의 원조는 조선 왕조

선비 이요팔(81세). 선비 신수채(84세). 이들은 누구일까요? 조선 후기 영조 때 여든 살이 넘어 과거에 합격한 이들입니다. 한평생 과거 공부만 한 셈입니다. 그리고 마침내 과거 급제했으니, 개인의 성공이자 집안의 경사였을 거예요. 하지만 사회적으로 본다면 이게 도대체 무슨 일인가요? 젊은 관리의 등용문이어야 하는 과거 시험에 백발의 노인이 합격하다니, 뭔가 잘못된 것 아닌가요?

우리나라 입시 제도의 문제는 어제오늘의 일이 아닙니다. 4시간만 자고 일어나서 공부하면 합격하고 5시간 자면 떨어진다는 '사당오락'이라는 말이 일찍부터 사용되었고, 해마다 시험 부정행위가 뉴스를 장식했습니다.

경찰에 의하면 이군은 지난해 3월 박씨가 "25만 원만 내면 ○○ 대학에 입학할 수 있다"는 말에 돈을 주었으나 그 후 40만 원을 더 요구, 꼭 들어갈 수 있다는 장담에 속아 전후 두 차례에 걸쳐 65만 원을 주고 ○○ 대학교에 입학했다는 것이다. … 그런데 이군은 "일류 대학교에 들어가기 위해 65만 원을 주었지 ○○ 대학에 들어가기 위해 준 것은 아니다"라고 주장, 박씨에게 환불을 요구했으나 듣지 않자 이를 경찰에 고소했다.

「65만 원 받고 대학에 부정 입학」, 『매일경제』, 1971년 3월 11일.

수사에 나선 대구지검은 30일 제1지구 출제지 프린트를 맡은 시내 신생사 필경사 박○○, 경북 고등학교 교련 교사 이○○ … 등 네 명을 위계에 의한 공무 집행 방해 혐의로 구속하고 경운 중학교 교사 이○○ 등 네 명을 내사하고 있다. … 출제지의 사지선다형 문제에 정답을 알아볼 수 있게 암시한 이번 부정 수법은 지금까지 알려진 갖가지 시험 부정 사건에서 볼 수 없었던 새로운 수법이다. 부정 내용은 객관식 사지선다형 문제의 ①② ③④ 항목 번호 가운데 정답의 번호는 똑바르게 정자로 써 넣고 나머지 세 개의 틀린 답 번호의 숫자는 모두 30도가량 기울게 비스듬히 써 넣은 것으로 이 같은 암호 내용을 모르는 수험생도 자세히 보면 쉽사리 정답을 가려낼 수 있어 이 방법으로 정답을 쓴 학생도 많았다.

「필경사가 시험지에 정답 암시」, 『동아일보』, 1974년 1월 30일.

1970년대의 신문 기사입니다. 이후에는 휴대 전화 같은 신기술이 도입되면서 신종 수법이 활개를 쳤습니다. 해방 이후 인구가 급속도로 늘고 교육에 대한 열망이 커지면서 경쟁이 강화되고 그만큼 입시 부정도 늘어났습니다.

그런데 일제 강점기에도 상황은 다르지 않았던 것 같습니다. 1930년대 신문에도 부정 입학 기사가 종종 나오고 조선 총독부에서 대책을 발표하기도 했습니다. 부정 입학을 알선하는 브로커까지 있었을 정도이니 그 심각성을 짐작할 수 있습니다. 하지만 이 시기에는 체계적인 국민 교육이 이루어지지 않았고, 고등 교육 기관의 숫자도 매우 적었기 때문에 해방 이후의 상황과 비교하긴 힘듭니다.

명문 대학 입학이 곧 출세 수단이라는 믿음이 점점 더 확고해졌고, 최근에는 부모의 소득과 자녀의 성적이 정비례한다는 연구 결과까지 나오면서 이 문제를 어떻게 해결할 것인지에 대한 고민이 날로 커지고 있습니다.

김홍도, 〈모당 홍이상공의 일생〉 중 과거 합격 후 어사화를 타고 돌아오는 장면 ⓒ국립 중앙 박물관

신분이 곧 능력인 조선. 그러나 사실은?

조선 시대에는 어땠을까요? 잘 알다시피 그때는 과거 제도가 있었습니다. 문과와 무과, 잡과 시험을 통해 관료를 선발하고 이렇게 뽑힌 관료들이 국가를 통치했습니다. 조선의 과거 시험은 혁명적 변화였습니다. 고려 때도 과거 제도가 있긴 했지만 권력가의 자제들은 시험을 치르지 않고 관직에 진출했습니다. 고려가 오랫동안 문벌 귀족이나 무신 정권 등 일부 세도가에 장악되었던 것을 떠올려 본다면, 오직 과거로 관리를 선발하겠다는 조선의 변화는 정말 혁신적이었습니다.

천민만 아니면 누구든 과거에 응시할 수 있었기 때문에 조선 전기에는 일반 양민 중에서 합격자가 나오는 경우도 종종 있었습니다. 중종 때 형조 판서를 지낸 반석평은 그 가운데에서도 특별한 인물입니다. 그는 원래 어느 재상 집안의 노비였는데 어린 시절에 주인이 재능을 눈여겨보고 그를 양자로 입적시켜서 과거 시험을 볼 수 있는 기회를 주었다고 합니다. 과거라는 합리적인 관료 선발 제도가 있고, 이를 통해 체계적으로 국정을 운영하면서 유능한 이들이 이름을 날릴 수 있는 구조가 만들어졌습니다.

하지만 세조 때가 되면 문제가 생깁니다. 계유정난을 통해 집권한 세조는 별시를 남용하기 시작합니다. 별시란 말 그대로 정기 시험이 아니라 국왕이 임의로 과거를 열고 관료를 뽑는 것을 말합니다. 조선 시대에는 통상 3년에 한 번씩 정기 시험을 보았습니다. 하지만 조카의 왕위를 찬탈한 세조는 별시 제도를 악용해서 공신들에게 혜택을 베풀었습니다. 등준시(登俊試), 발영시(拔英試) 등의 이름으로 현직 고위 관료와 신하들에게 임시 시험을 보게 한 후 품계를 올려주고 승진을 시켰습니다. 그렇게 등용된 인물이 임사홍, 노공필, 김화, 유자광 등입니다. 이들은 세조 때뿐 아니라 성종, 연산군 때까지 문제를 일으키며 역사에 간신배로 이름을 남겼습니다. 중앙에서 보는 시험이 이 모양이었으니 지방에서 치르는 향시는 말도 못 할 정도로 타락합니다. 구숭경, 정승충, 임희정 등은 사전에 시험 문제를 입수했고, 충청 감사를 지낸 이덕숭 일가의 자제 전원이 비슷한 답을 적고 합격한 일도 있습니다. 좋은 제도가 국가 기강이 문란해지면서 의의를 상실해 가는 과정을 여기에서 볼 수 있습니다.

가치를 잃어버리고 타락한 조선 후기 입시 제도

조선 후기로 가면 상황이 더욱 심각해집니다. 과거 시험이 출세 수단이라는 생각이 확고해지고, 다른 한편에서는 공정성을 유지하는 사회 시스템이 무너집니다. 과거 합격은 무척 어려운 일입니다. 우선 소과에 합격해야 대과를 볼 자격이 주어집니다. 소과는 생원시와 진사시로 나뉘는데 유교 경전에 대한 이해도와 한문학 실력을 측정합니다. 소과에만 붙어도 지방에서 진사, 생원으로 평생 대우를 받을 정도였습니다. 하지만 2단계 시험인 대과에 합격해야 비로소 관직으로 나아갈 수 있습니다. 소과 합격자들은 성균관에 입학해 교육을 받으면서 시험을 준비했습니다. 대과에서는 다시 세 차례에 걸쳐 이든이 능력을 검증했습니다. 최종 3차 시험 때는 국왕이 직접 문제를 내고 순위를 정하는 등 통과해야 할 난관이 너무 많았습니다. 문과 합격자는 약 33명, 무과 합격자는 약 28명으로, 3년에 한 번 보는 시험치고 합격자의 수가 무척 적었습니다. 설령 합격하더라도 5등 안에 들지 못하면 출세하기 힘듭니다. 관직이 많지 않을뿐더러, 청요직(清要職. 사헌부, 사간원, 홍문관 등 청렴해야 하는 중요한 관직을 말한다)은 더더욱 적었기 때문입니다.

상황이 이렇다 보니 아버지나 할아버지 혹은 집안사람 중에 누군가가 과거에 합격하면 그것을 가문의 영광이자 자신의 영광으로 등치시켜 양반 행세를 하는 경우가 많아집니다. 조선 후기로 가면 별것 아닌 글을 모아서 문집을 발간하거나 꼼꼼하게 족보를 만들어서 양반 가문임을 자랑하는 경우가 허다했습니다.

더욱 심각한 문제는 합격자의 평균 연령이 조선 후기로 갈수록 높아졌다는 점이에요. 소과의 경우 15세기에는 평균 25세였던 합격자의 나이가 19세기 후반에는 37세가 됩니다. 그만큼 과거 시험을 준비하는 기간도 늘어났습니다. 아버지와 아들이 같이 시험을 준비하는 경우가 흔했고, 심지어 삼대가 같이 과거에 응시한 기록도 있습니다. 갈수록 경제력이 든든한 집안에서만 합격자가 나오면서 '개천에서 용이 나는 기적'은 자취를 감추고 맙니다. 심지어 성적이 아니라 집안을 보고 인재를 선발하는 경향이 만연해져요. 인조 때 최명길이 송시열을 오직 문장만 보고 뽑자 화제가 되었어요. 실력만으로 인재를 뽑는 모습이 신기하게 여겨질 정도로 과거 제도가 문란해진 것이죠.

천태만상 과거 시험장

상황이 최악으로 치달았음에도 불구하고 달라지는 게 없었어요. 과거 말고 다른 출세 수단이 없었기 때문에 과거장으로 향하는 행렬은 계속되었습니다. 소과 시험장에서는 갈수록 다양한 부정과 편법이 판쳤습니다. 긴 도포 자락에 예상 답안을 적어 온 사람, 담장 주변에 자리 잡고 하인을 시켜서 답지를 몰래 건네받는 사람, 붓 뚜껑에 답을 숨긴 사람, 콧구멍 속에 숨긴 사람, 상투 안이나 입 속에 숨긴 사람 등 온갖 부정이 벌어졌습니다. 심지어 '차술'이라고 남의 답안지에 자기의 이름을 슬쩍 써 넣는 사람까지 있을 정도였습니다. 숙종 때는 하급 관리와 짜고 시험장에 200여 미터 길이의 줄을 매달아 답지를 몰래 받은 사건이 벌어졌고, 무과 시험장에서는 다른 사람이 대신 활을 쏴 준 일도 있습니다. 정조 때 유광억이라는 인물은 대필 시험으로 생계를 이었고, 정현상은 정도인 대신 시험을 치르다 적발돼 처벌당했습니다. 1686년 4월 숙종 때는 여덟 명이, 1783년 8월 정조 때는 여섯 명이 시험장에서 자리싸움을 벌이다 압사하는 일까지 생겼습니다. 부정행위를 하기 좋은 자리

김홍도, 〈공원춘효도〉ⓒ안산 문화 재단
커다란 우산 아래에 대여섯 명씩 모여 부정 시험을 치르는 과거 시험장을 그렸다. 상단에 "봄날 새벽
과거 시험장에서 1만 마리의 개미가 전쟁을 치른다"라고 강세황이 쓴 발제가 적혀 있다.

를 두고 벌어진 황당한 사고입니다.

　이러한 천태만상은 1894년 갑오개혁 때 과거제가 폐지되면서 간신히 사라지게 됩니다.

4·19 혁명의 불씨가 된 '이강석의 대학 부정 입학'

　역사 속에는 입시 부정이 정권의 몰락을 앞당긴 예도 있습니다. 대한민국 초대 대통령 이승만의 양아들 이강석이 바로 그 주인공입니다. 이강석은 원래 이기붕과 박마리아 사이에서 태어났어요. 이기붕은 이승만 대통령의 비서실장으로 정치를 시작했고 서울 시장과 국방 장관, 국회 의장 등의 요직을 거친 뒤 1960년 3월에 열린 선거에서 대한민국 부통령으로 당선됩니다. 그의 아내 박마리아는 대한 부인회 회장 등을 역임하며 정치권 막후의 실세였다고 하고요. 이들은 아들 이강석을 후사가 없던 이승만의 양아들로 입적시켰습니다. 이로써 이강석은 양아버지 이승만과 친아버지 이기붕, 당대 최고의 권력자 둘을 아버지로 두게 되었습니다.

　이강석은 1957년에 서울 대학교 법대에 편입학을 신청했습니다. 학교에서는 시험을 치르고 오라고 통보했지만, 이강석은 뻔뻔하게도 시험을 보지 않고 들어가게 해 달라고 요구했어요. 곤란해진 서울 대학교 학장회와 법대 교수회는 결국 만장일치로 이강석의 무시험 편입을 허가하고 맙니다. 이 소식을 알게 된 학생들이 격렬히 반발하자 이번에는 문교부가 나섰습니다. "애국지사의 양자를 특별 입학시켰다고 해서 무엇이 잘못인가." "입학은 총장의 자유재량에 속하는 권한이다." 학내 여론은 점점 더 나빠졌고, 얼마 후 이강석은 서울 대학교를 휴학하고 육군 ㅅㄱ 칙교에 신학해서 또 문제를 일으켰습니다. 독재 정권이 권력을 악용한 대표적인 사례로, 이강석의 행동은 4·19 혁명 때 대학생들이 격렬히 저항하는 중요한 요인이 되었습니다.

과거 역사에 비춰 본다면 지금은 어떤 상황일까요? '예나 지금이나 입시가 우리를 괴롭히고 있구나. 세상 참 변하지 않는구나'라고 역사를 부정적으로 받아들일 필요는 없습니다. 문제가 반복되는 이유를 찾고, 그것을 해결하기 위해 역사적 경험을 들여다보면 됩니다. 또한 입시 결과가 누군가에게는 일생의 자부심이 되고, 다른 누군가에게는 평생의 상처로 남는 일이 계속된다면 조선 후기보다 더한 디스토피아가 올지 모른다고 경각심을 느끼면 됩니다. 문제의 원인을 파악하고 그것을 해결하기 위해 우리에겐 역사 공부가 필요합니다.

역사 속 자연재해와 전염병 읽기

→ 새로운 관심이 새로운 관점을 만든다

기후 위기의 시대

해가 갈수록 기후 위기라는 단어가 현실로 다가오고 있습니다. 북극에서는 빙하가 사라지고 있고, 호주에서는 거대한 산불로 우라나라 면적의 1.6배에 해당하는 산림이 불탔습니다. 2020년 여름에는 우리나라에 두 달 이상 장마가 지속되기도 했습니다. 많은 사람이 죽고 다쳤으며 심지어 지붕 위에서 소 떼가 구조되는 진풍경이 연출되었습니다. 지금 우리는 기상 이변이 기후 위기 때문이라는 것을 잘 알고 있습니다. 하지만 옛날에는 그렇지 않았습니다. 날씨와 기후에 관한 인식은 시대마다, 문화마다 달랐습니다.

▶ 큰비를 이용해 왕이 된 김경신

원성왕이 왕위에 올랐다. 이름은 경신이고, 내물왕의 12세손이다. 어머니는 박씨 계오부인이고, 왕비 김씨는 신술 각간의 딸이다. 일찍이 혜공왕 말년에 반역하는 신하가 발호했을 때 선덕은 당시 상대등으로서 임금 주위에 있는 나쁜 무리들을 제거할 것을 앞장서서 주장하였다. 경신도 여기에 참가하여 반란을 평정하는 데 공을 세웠고 선덕이 즉위하자 곧바로 상대등이 되었다. 선덕왕이 죽자 아들이 없으므로 여러 신하가 의논한 후 왕의 조카뻘 되는 주원을 왕으로 추대했다. 이때 주원은 서울 북쪽 20리 되는 곳에 살았는데, 마

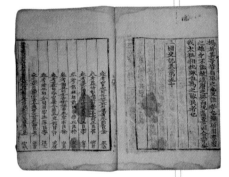

『삼국사기』 ⓒ문화재청

침 큰비가 내려 알천의 물이 불어서 주원이 건널 수 없었다. 어떤 사람이 말하기를 "임금의 큰 지위는 본래 사람이 어떻게 할 수 있는 것이 아니다. 오늘의 폭우는 혹시 하늘이 주원을 왕으로 세우려 하지 않는 것이 아닌가? 지금의 상대등 경신은 전 임금의 아우로 본디부터 덕망이 높고 임금의 체모를 가졌다"라고 하였다. 이에 여러 사람의 의논이 단번에 일치하여 그에게 왕위를 계승하게 하였다. 얼마 후 비가 그치니 나라 사람들이 모두 만세를 불렀다.

『삼국사기』 권10, 「신라본기」 10, 원성왕 원년 1월.

김부식이 쓴 『삼국사기』에 나오는 대목입니다. 김주원이 왕이 되려고 하는데 때마침 큰비가 내려 알천을 건널 수 없었고 그래서 왕위 계승식에 가지 못했다고 합니다. 김경신은 이 상황을 이용해서 주원은 왕이 될 재목이 아니라고 주장하며 스스로 왕이 됩니다. 그가 신라 38대 원성왕입니다. 김주원은 왕위를 포기하고 고향으로 돌아갑니다. 여기에 분노한 김주원의 아들 김헌창은 나중에 반란을 일으킵니다. 김헌창의 난 이후 신라의 왕위 계승 경쟁은 더욱 극심해졌고 결국 멸망에 이르게 됩니다.

여기서 주목할 부분은 김경신이 왕이 되기 위해 큰비를 이용했다는 부분입니다. 더구나 김경신의 주장에 대해 "여러 사람의 의논이 단번에 일치"했습니다. 자연재해를 정치적 기회로 삼은 것으로 오늘날 우리 입장에서는 받아들이기 힘든 주장입니다. 하지만 고대 사회에서는 큰비를 신비한 자연 현상으로 여겼고 그러한 현상에는 어떤 특별한 메시지가 담겨 있다고 믿었기 때문에 가능했던 일입니다.

장마를 이긴 이성계

폭우는 조선 왕조의 성립에도 중요한 영향을 미칩니다. 고려 후기에 최영이 원의 쇠퇴를 틈타 요동 정벌을 추진하자 이성계는 네 가지 이유를 들어 반대했습니다. 『태조 실록』을 보면 여름철에 군사를 동원하는 것의 위험성을 들며, 특히 장마로 인해 활은 아교가 풀어지고 병사들은 역병에 시달릴 것이라면서 전쟁을 반대했다고 합니다.

그럼에도 불구하고 최영은 요동 징벌을 추진하죠. 공교롭게 정벌에 반대한 이성계가 사령관이 되어 군을 이끕니다. 억지로 행군하던 군대가 압록강 하구의 위화도에 도착했을 때 우려했던 대로 폭우가 쏟아지면서 섬에 갇히고 맙니다. 며칠 뒤 이성계와 혁명파는 왕명을 어기고 회군하여 고려의 권력을 장악합니다. 그리고 얼

▶ 이성계가 나라를 세울 것이라는 예언

『고려사절요』 ©경기도 박물관

이에 군사를 돌이켜 압록강을 건너는데, 태조가 백마를 타고 붉은 활과 흰 새털을 깃으로 단 화살을 메고 강 건너에 서서 군사가 다 건너기를 기다리고 있었다. 군중에서 바라보고 서로 말하기를 "예로부터 이와 같은 사람이 있지 않았고, 지금 이후로도 어찌 다시 이런 사람이 있을까" 하였다. 이때 장마가 며칠이 되어도 물이 넘치지 않는데 군사가 건너고 나자, 큰물이 갑자기 닥쳐 온 섬이 잠기므로 사람들이 모두 신기하게 여겼다. 이때 동요(童謠)에 목자득국(木子得國)이란 말이 있어 군사와 백성이 나이 상관없이 모두 노래하였다.

『고려사절요』 권33, 「신우」 4, 무진 14년 5월.

마 후 새 나라 조선을 건국합니다. 그런데 당시를 기록한 『고려사절요』에 흥미로운 대목이 있습니다.

『고려사절요』는 1452년 조선 문종 때 편찬한 역사서입니다. 김종서를 비롯한 조선의 관료들이 고려의 역사를 체계적으로 정리했다는 점에서 귀중한 사료이지만, 그들은 조선 건국의 정당성을 강조해야 했어요. 위화도 회군을 묘사하며 장마가 며칠간 계속되었는데도 물이 넘치지 않다가 병사들이 섬을 빠져나온 다음에야 섬이 물에 잠겼다고 적었습니다. 오랜 기간 비가 왔는데 물이 넘치지 않는 신기한 현상이 발생했고 이성계가 회군을 단행하자 비로소 큰물이 밀려와서 섬이 잠겼다는 말입니다. 그 장면을 보고 사람들이 깜짝 놀랐다는 설명도 덧붙여 놓았고요.

앞에서 본 『삼국사기』와는 큰비를 해석하는 관점이 다릅니다. 자연재해를 신비하게 여기거나 특별한 메시지로 해석하지 않습니다. 다만 신기해할 뿐인데 그러면서도 이 신기함을 이성계의 상서로움과 은근히 연결합니다. 그리고 목자득국, 즉 "이(李)씨가 나라를 세운다"라는 말을 드러내고 역성 혁명의 정당성을 간접적으로 표방합니다.

두 책에서 보이는 관점의 차이를 다음과 같이 설명할 수 있습니다. 자연 현상을 사회 현상에 대한 직접적인 메시지로 해석(『삼국사기』)하던 시대에서 급변하는 사회 현상에 대한 보증 수표 정도로 해석(『고려사절요』)하는 시대로 바뀌었다. 이에 따라 원성왕은 단한 번의 폭우로 왕이 되었다면, 이성계는 훨씬 치열한 정치 투쟁의 과정을 거친 끝에 왕이 되었습니다.

전염병을 마주하는 태도의 변화

코로나19의 발병과 무시무시한 확산은 전 세계에 커다란 충격을 주었습니다. 하지만 전염병은 인류 역사에 반복적으로 등장했어요. 우리 역사에서도 마찬가지였고요. 『삼국사기』에도 수차례 기록되어 있고 『조선왕조실록』에도 빈번하게 등장합니다. 그리고 이 또한 시대에 따라 관점과 서술 방식이 바뀝니다.

> ▶ 자식이 자기 살로 부모를 먹이다
>
> 천보(天寶) 14년(755년 경덕왕 14년) 을미(乙未)에 흉년이 들어 백성이 굶주리고 더구나 전염병이 돌았다. 부모가 굶주리고 병이 났으며, 어머니는 종기가 나서 거의 죽게 되었다. 향덕이 밤낮으로 옷을 벗지 않고 정성을 다하여 편안히 위로하였으나 봉양할 것이 없어 이에 자신의 넓적다리 살을 떼어 먹이고, 또 어머니의 종기를 입으로 빨아 모두 완쾌시켰다. 향사(鄉司)가 주(州)에 보고하니, 주에서 왕에게 보고하였다. 왕은 명을 내려 벼 300섬과 집 한 채, 구분전(口分田) 약간을 내려 주고, 담당 관청에 명하여 비석을 세워서 일을 기록하고 드러내도록 하였는데, 지금까지 사람들은 그곳을 '효가(孝家)'라고 부른다.
>
> 『삼국사기』 권48, 「열전」 8, 향덕.

『삼국사기』 향덕 열전의 내용입니다. 이 일화에서 전염병은 단지 배경 상황일 뿐이며, 역사가는 전염병이 창궐한 상황에 관심을 두지 않습니다. 오히려 향덕이 넓적다리 살을 떼어 부모를 먹이고 종기를 입으로 빨아 어머니를 살렸다는 내용이 주를 이룹니다. 그리고 향덕의 효심에 감동한 왕이 토지와 곡식을 내려 그를 효의 모범으로 삼았다고 밝히는 것이 핵심입니다.

『삼국사기』에 전염병이 기록된 대목은 대부분 이런 식입니다. 전염병을 어떻게 극복했는지에 대한 문제의식은 찾기 어렵습니다. 다만 효를 강조하는 문화가 이미 정착했다는 사실과 국가는 전

평양부의 성 안팎에 지난달 그믐 사이에 갑자기 괴질이 유행하여 토사와 관격을 앓고 잠깐 사이에 사망한 사람이 10일 동안에 자그마치 1000여 명이나 됩니다. 약도 소용없고 구제할 방법도 없으니, 눈앞의 광경이 매우 참담합니다.

『조선왕조실록』, 순조 21년 8월 13일.

기근과 역병은 겹쳐 이르러 도산함이 서로 줄을 잇는데도 여러 신하들은 다만 자기 몸만 받들어 물러나기를 생각하고 팔짱만 끼고 예사로 보고 있으니, 신이 비록 계획하려고 하는 일이 있어도 함께 국사를 할 만한 사람이 없습니다.

『조선왕조실록』, 경종 1년 6월 10일.

『조선왕조실록』
오대산 사고본
ⓒ국립 고궁 박물관

염병을 극복하는 과정에서 제 역할을 하지 못했다는 사실만 확인할 수 있습니다.

조선 시대 기록을 보면 전염병에 대한 태도가 크게 달라집니다. 무엇보다 전염병을 극복하려는 의학적 시도가 꾸준히 이어졌어요. 고려 말과 조선 초기에 간행된 『향약구급방』, 『향약집성방』 등에는 전염병 대비책이 있고 조선 중기 광해군 때 편찬된 『동의보감』도 궤를 같이합니다. 1613년에는 허준의 주도로 전염병 전문 의서 『신찬벽온방』을 간행하고 전국에 배포했습니다.

과학의 도전과 전통의 응전

조선 후기에 본격적으로 근대 서양 의술이 도입되면서 전염병 극복을 위한 시도가 구체적으로 발전합니다. 1888년 일본에 망명 중이던 박영효는 고종에게 「개화 건백서」를 진상하며 "전염병에 걸리면 곧장 약을 복용해야 하며 무당에게 가서는 안 된다"라고 강조했어요. "더러움과 전염병을 피할 수 있게 목욕 시설을 만들자"라고도 건의했습니다. 전염병 예방을 위해 청결이 중요하다는 사실을 알린 것입니다.

이 무렵 서양 선교사들이 병원을 세우고 종두법을 실시하는 등 전염병 퇴치에 앞장서자 무당들이 반대했다고 합니다. 종래에는 병들면 무당을 찾아가 굿이나 제사를 지냈는데, 그럴 필요가 없어지니까 무당의 수입이 확 줄어든 것입니다. 무당들은 "주사를 맞으면 머리가 커지고 바보가 된다"라는 가짜 뉴스를 퍼트렸습니다. 선교사들이 고아원을 세우는 것도 아이를 잡아먹기 위해서라고 선동했습니다. 한바탕 소동으로 끝나고 말았지만 그만큼 사회가 빠르게 변하고 있었던 거죠.

박영효는 우두 접종을 통해 인수 공통 전염병으로부터 사람과 가축을 구해야 한다고 주장합니다. 또한 분뇨, 먼지, 지푸라기 등의 오물을 배출하고 치우는 규정을 만들어서 건강과 농사에 이익을 주어야 한다고 강조합니다. 이제 전염병은 인간이 손쓸 수 없는 거대한 재앙이나 가혹한 신의 형벌이 아니라 예방하고 치료할 수 있는 질병이자 국가의 행정 제도를 통해 해결해야 하는 문제가 되었습니다.

나는 어떤 생각을 하고 있을까?

시대가 변하면 사람들의 생각도 바뀝니다. 정확히는 학문이 발전하고 새로운 관점이 등장하면서 인식이 변화하는 거죠. 많은 사람이 자신의 생각과 행동을 고정 관념에 의지합니다. '이건 이런 거야. 그건 그런 거고'라고 미리 해석을 정해 놓는 것이죠. 그러고는 고정 관념을 대단한 신념이고 의지인 것처럼 말하는 경우가 많습니다. 역사 공부는 지식의 상대성을 인식하는 기회를 줍니다. '내 생각이 결국은 통념에 불과하구나. 그렇다면 어떻게 생각해야 할까?'

폭우나 전염병 등은 그동안 역사학계에서 관심 갖지 않던 주제입니다. 하지만 기후 위기가 심각해지고 새로운 전염병이 등장하는 등 예상하지 못한 상황이 발생하면서 최근에 관심이 고조되었어요. 상황이 바뀌니 관심도 바뀐 것이죠. 우리도 새로운 관심과 관점을 고민해야 할 때입니다.

간호사의 탄생

→ 너무 당연해서
보이지 않던 이야기

왜 간호사 하면 나이팅게일이 생각날까?

코로나19 사태가 지속되면서 질병 관리청을 비롯해 그동안 잘 모르던 단체와 인물에 대한 관심이 커졌습니다. 특히 간호사 선생님들의 노고를 잘 알게 되었고, 그들의 퉁퉁 부은 손 사진이 인터넷을 뜨겁게 달구기도 했습니다. 그런데 간호사를 생각하면 뭐가 가장 먼저 떠오르나요? 아마도 많은 사람이 나이팅게일(1820~1910년)이라고 대답할 것입니다.

의료의 역사에서, 특히 간호의 역사에서 나이팅게일은 정말 중요한 인물입니다. 그는 열일곱 살 때 평생 가난하고 병든 사람을 돌보겠다고 선언했을 정도로 직업에 대한 소명 의식이 깊었습니다. 과거에 간호사는 천한 직업이었습니다. 중세에는 수녀들이 감당하는 고역스러운 일이었고 근대에는 비천하고 심지어 부도덕한 직업으로 인식되었습니다.

"마치 내가 식모가 되겠다고 말한 것 같은 반응이 나왔다." 나이팅게일의 결단을 가족도 격렬하게 반대했어요. 하지만 나이팅게일은 간호사의 길을 선택합니다. 혼담을 거절하고 오랫동안 의학 공부를 한 끝에 서른세 살에 런던의 소규모 자선 요양소 책임자가 됩니다.

그러다 1853년에 크림 전쟁이 발발해요. 크림반도는 동유럽 흑해에 있는 작은 반도인데 지리적 조건 때문에 러시아와 오스만 제국이 영유권을 두고 빈번히 갈등했습니다. 여기에 러시아의 남하를 견제하려는 영국, 프랑스가 가세하면서 전쟁이 확대됩니다. 이때 나이팅게일은 성공회 수녀 38명과 함께 터키 이스탄불의 야전 병원에서 부상병을 돌보며 백의의 천사라는 별명을 얻을 정도로 헌신적으로 노력했습니다. 단지 부상에 신음하는 병사들을 따뜻하게 돌보았다는 말이 아닙니다. 나이팅게일은 간호를 체계적인 시스템으로 이해했고, 병원에서 간호사와 간호 시스템의 역할을 극적으로 강화했습니다. 당시 병원의 위생 관리는 엉망이었고 환

제리 배럿, 〈스쿠타리 야전 병원으로 온 나이팅게일〉, 영국 국립 초상화 박물관

자 간호에 있어서도 별다른 역할을 하지 못했습니다. 나이팅게일은 의료 당국과 병원을 설득하여 부상병을 간호할 구체적인 방법을 마련했습니다. 다시 말해 오늘날과 같은 간호 환경을 만든 것입니다. 이러한 노력을 통해 42퍼센트에 달하던 부상병의 사망률을 2퍼센트로 감소시켰습니다.

다만 백의의 천사라는 말은 후대의 이미지가 더해진 것 같아요. 나이팅게일이 활동할 당시의 간호복은 짙은 색이었다고 합니다. 그리고 당시에는 "등불을 든 여인"으로 불렸다고 하고요.

최근에 나이팅게일에 대한 비판이 제기되었습니다. 간호사의 독립성을 부정하고 낮은 임금을 당연한 것으로 여기는 등 노동 인권의 관점에서 미흡한 점이 많았다는 것이지요. 그에 대한 반작용으로 크림 전쟁 때 간호사로 활약한 흑인 여성 메리 제인 시콜이 재조명됐어요. 그는 빅토리아 시대에 활약한 자메이카 출신의 간호사로, 크림 전쟁이 시작되자 자비로 간호원을 설치하고 병사들을 치료했습니다. 시콜은 원래 나이팅게일의 간호단에 합류하려 했지만 인종 차별로 인해 거부당했습니다.

한국 최초의 여성 전문 병원 '보구여관'

우리나라 간호사의 역사는 개항기 서양 선교사의 입국과 궤를 같이합니다. 가끔 조선 시대 의녀를 얘기하는 경우가 있는데 이건 다시 생각해 볼 필요가 있습니다. 의녀가 의관을 보조하는 역할을 한 것은 사실이지만 평소에는 기녀로 활동하다가 필요할 때만 의녀 역할을 하는 정도였으니, 현대적 의미의 간호사와는 거리가 멀어요.

그렇다고 우리나라 간호의 역사가 서양에 비해 늦은 것도 아닙니다. 나이팅게일이 활동한 시기가 1850~1900년 사이인데, 우리나라에서도 1876년 강화도 조약 이후 개항장인 원산과 인천 등에 일본인이 세운 병원이 문을 열고 여기에서 일본인 간호부가 근무했으니까요.

그러다 1885년에 설립된 우리나라 최초의 근대 의료 기관 광혜원에서 기녀 출신 간호부 다섯 명이 일을 하기 시작했어요. 1884년에는 갑신정변이 있었잖아요? 당시 민영익이 칼에 찔려 생사를 오가고 있을 때 미국인 선교사 호러스 알렌이 그를 치료했어요. 고종과 명성 황후는 그 보답으로 알렌에게 집을 한 채 주고 그의 의료 선교를 후원했지요. 이렇게 탄생한 병원이 바로 우리 역사 최초의 근대 의료 시설인 광혜원입니다. 광혜원은 얼마 후 이름을 제중원으로 바꾸었고, 간호사의 역사도 이곳에서 시작되었어요.

1891년 영국 성공회 소속의 간호사 에밀리 히트코트가 조선에 도착했습니다. 서울로 온 그는 정동에 여성을 위한 진료소를 개설했고, 이후 여러 외국인 간호사가 조선으로 건너오면서 근대적 간호 시스템이 만들어집니다. 동시에 이들은 한국인 간호사를 양성하기 시작했습니다.

1903년 캐나다 출신의 간호사 마거릿 에드먼즈가 우리나라 최초의 여성 전문 병원인 보구여관(1887년 설립)의 부속 기관으로 간호원 양성소를 설립했습니다. 이곳에서 공식 간호 교육이 시작되었죠. 병원을 연 첫해에 1000명이 넘는 환자가 찾아올 정도로 성황을 이루었고 메타 하워드, 로제타 홀 등 의료 선교사들은 밀려드는 환자를 감당하느라 큰 고초를 치렀다고 합니다.

보구여관의 옛 모습

간호 교육, 길을 만들며 나아가다

간호사 양성은 쉽지 않았습니다. 여성의 사회 활동에 대한 부정적 시선이 너무 강했던 탓입니다.

"여성들은 좋은 때를 허송치 말고 이런 학교에 많이 가서 공부를 부지런히 하여 우리나라 여인들도 좋은 일을 많이 하기 바란다." 당시 간호 학생 모집 광고에 실린 글입니다. 간호원 양성소는 입학 조건이 무척 까다로웠습니다. 입학을 위해서는 부모의 허락과 교회의 보증이 필요했고, 학생들은 학교에서 기숙 생활을 해야 했어요.

1903년에 여섯 명의 학생이 입학했고, 이 가운데 두 명이 1906년에 졸업해 조선인 최초의 전문 간호원이 되었습니다. 김마르타와 이그레이스가 그 주인공입니다. 김마르타는 집안에서 쫓겨난 뒤 보구여관에서 허드렛일을 하다가 불굴의 의지로 간호사가 되었고, 이후 평생 서울과 평양에서 간호사로 활동하면서 후배 양성과 어린이 구호에 몰두했습니다. 이그레이스는 다리에 장애가 있는 여종이었는데 보구여관에서 치료를 받다가 간호사가 되기로 결심했습니다. 이후 그는 독립운동가 이하영 목사와 결혼하고 함께 독립운동에 투신했습니다. 이처럼 최초의 간호사 두 사람은 당대의 편견을 깨고 사회적 멸시를 극복하며 스스로 삶을 써 내려갔습니다. 그리고 이들의 노력을 통해 비로소 여성 전문직인 '간호사'가 직업으로 정착하게 됩니다.

간호사들의 독립운동사

우리나라 간호의 역사는 독립운동사와 밀접한 관련을 맺고 있습니다. 사실 우리나라 여성의 역사는 어느 분야에서든 독립운동과 이어지는 경향이 강합니다. 유럽의 경우 여성이 참정권, 즉 정치적 권리를 요구하면서 자신들의 정체성을 만들었다면 우리는 구국운동을 통해 정체성을 만들었다고 할 수 있습니다. 여성들이 시대의 문제를 마주하며 민족을 위해 헌신하겠다고 자각한 것입니다. 여성으로서의 자각과 민족의식이 함께 싹튼 셈인데 여성 간호사들은 여성사의 관점에서도 선구적 인물입니다.

간호사들의 저항은 1907년 군대 해산 때 처음 등장합니다. 일제가 정미 7조약을 통해 대한 제국의 군대를 해산하자 시위대의 박 승환 참령이 "대한 제국 만세"를 외친 뒤 스스로 목숨을 끊었습니다. 이에 자극받은 군인들이 무장봉기해 일본군과 시가전을 벌였고, 이때 보구여관 간호사들이 부상병 치료에 앞장섰습니다. 이 사건은 한국 의료 역사에서 매우 중요합니다. 여성이 남성의 치료에 처음으로 참여했으니까요.

1919년 3·1 운동 때에도 간호사 네 사람이 종묘에서 만세 운동을 이끌었고 세브란스 병원의 간호사들은 만세 운동에 참여했다 투옥되었습니다. 노순경, 박덕혜, 이도신, 김효순 등이 대표적입니다. 상하이에 임시 정부가 만들어지자 국내에는 대한민국 애국 부인회가 결성됩니다. 자금을 마련하여 임시 정부를 후원하는 단체였는데 일제에 발각되어 80명이 구속되고 옥고를 치르죠. 그중에 41명이 간호사였을 정도로 이들은 당대 여성계의 가장 선진적이며 진보적인 집단이었어요.

산파 박자혜

박자혜는 1895년에 태어나 어린 나이에 궁궐에 나인으로 입궁했고, 대한 제국이 일제에 병합된 뒤 궁을 나왔어요. 이후 숙명 여자 고등 보통학교를 졸업했고, 1915년에 조선 총독 의원 부속 의학 강습소 간호부과에 입학합니다. 그리고 1917년에 총독부 의원 산부인과에 취업하면서 간호사가 되었습니다.

박자혜는 3·1 운동을 목격하고 독립운동에 투신했어요. 민족 대표 33인 중 한 명인 이필주 목사와 함께 '간우회'를 조직하지만 체포되죠. 풀려난 후에는 중국으로 망명해 1919년 옌징 대학교 의예과에 입학합니다. 그리고 이듬해에 신채호를 만나 결혼했지만 이후의 삶은 참으로 혹독했습니다.

당시 중국에서의 독립운동이 난항에 빠지고 경제적 어려움이 커지면서 박자혜는 홀로 아들을 데리고 국내로 돌아왔습니다. 생계를 잇기 위해 서울 인사동에 산파를 개업하지만 신통치 않았던 것 같습니다. 그는 노점상을 병행하며 자녀를 기르고 중국에 있던 신채호를 지원했다고 합니다. 그리고 1926년에는 의열단 단원 나석주의 동양 척식 주식회사 폭탄 투척 의거를 도왔습니다. 1927년에는 한 달간 중국을 방문해 남편을 만났는데, 이게 이 부부의 마지막이었어요.

이듬해 4월 신채호는 타이완에서 일제에 체포되어 중국 뤼순 감옥에 수감됩니다. 그리고 8년 뒤인 1936년에 그곳에서 옥사했습니다. 박자혜는 생활고와 일제의 감시, 그리고 남편을 잃은 슬픔을 견디다 1943년에 병으로 죽고 맙니다.

여군의 탄생도 간호에서 비롯되었다

대한민국 여군의 탄생 역시 간호의 역사와 이어져 있습니다. 1948년 대한민국 정부가 수립되고 민간 병원 간호사 31명이 육군 소위로 임관해 간호 장교가 되었습니다. 1950년 한국 전쟁 개전 초기의 기록을 보면 하루 평균 입원 환자가 2만 명이 넘고 전쟁 기간을 통틀어서 40만 명 이상의 부상병을 간호했다고 합니다. 이때 전선에서 1257명의 간호 장교가 활약했으며, 경상남도 진해에 간호 장교 교육대를 세우고 졸업생을 정식으로 임관시켰습니다. 동시에 부족한 인력을 충원하기 위해 민간 병원 간호사들도 계속 투입했습니다. 제18연대에서는 간호사 팔뚝에 '18연대 간호 장교'라고 문신을 새겨서 증명서로 삼았을 정도로 상황이 급박했습니다.

이렇듯 간호사의 역사는 한국 여성사인 동시에 근현대사 자체라고 할 수 있습니다. 의료 발전의 역사와도 밀접한 관련이 있고요. 영웅, 전쟁, 정치처럼 거창한 주제만 역사가 아닙니다. 평범한 사람들의 이야기 또한 충분히 역사적인 가치를 지닙니다. 인간의 모든 일상이 곧 역사입니다. 이런 이야기를 찾아내는 것 또한 역사를 배우는 재미라고 할 수 있지요.

광복군은
남자의 전유물이
아니오!

→ 독립운동사 속
  여성 이야기

여성 독립운동사에 대한 관심

여성 독립운동가에 대한 관심이 부쩍 커졌습니다. 여러 여성 독립운동가가 조명되었고 페미니즘을 비롯해 젠더에 관한 논의가 확장되는 상황에서 자연스러운 현상이라고 할 수 있습니다.

그런데 논의되는 내용은 시대의 변화를 제대로 읽지 못하는 것 같습니다. "남성, 너희만 하냐? 나도 할 수 있어!" 이런 식으로 논의가 흐르기도 하고요. 그동안 독립운동사는 남성의 활동을 중심으로 연구되었습니다. 안중근, 안창호, 김구, 윤봉길 등 핵심 인물이 모두 남성이었죠. 그러다 기존의 관행적 해석에 대한 반작용이 나타난 것입니다.

　이런 식의 전개는 올바르지 않아요. 유관순, 김순애, 남자현처럼 독립운동 전면에 나선 여성이 있긴 하지만, 그럼에도 독립운동의 주류는 남성이었습니다. 만약 우리가 여성의 독립운동사를 새로 쓰고자 한다면 먼저 그들이 만든 고유한 이야기에 더 관심을 가져야 한다고 생각합니다.

여성 독립운동가 우표
2019년 3·1 운동 100주년을 기념하며 여성 독립운동가 네 명을 담은 우표가 발행되었다.

최초의 여성 인권 선언

1898년 9월 1일 서울 북촌 지역의 양반집 부인 300여 명이 신문에 기고한 「여권통문」을 읽어 볼까요?

혹 이목구비와 사지오관(四肢五官)의 육체에 남녀가 다름이 있는가. 어찌하여 병신처럼 사나이가 벌어 주는 것만 앉아서 먹고 평생을 깊은 집에 있으면서 남의 제어만 받으리오. 이왕에 우리보다 먼저 문명 개화한 나라들을 보면 남녀 평등권이 있는지라. 어려서부터 각각 학교에 다니며, 각종 학문을 다 배워 이목을 넓히고, 장성한 후에 사나이와 부부의 의를 맺어 평생을 살더라도 그 사나이에게 조금도 압제를 받지 아니한다. 이처럼 후대를 받는 것은 다름 아니라 그 학문과 지식이 사나이 못지않은 까닭에 그 권리도 일반과 같으니 이 어찌 아름답지 않으리오. … 슬프도다. 과거를 생각해 보면 사나이가 힘으로 여편네를 압제하려고, 한갓 옛말을 빙자하여 "여자는 안에서 있어 바깥일을 말하지 말며, 오로지 술과 밥을 짓는 것이 마땅하다"고 하는지라. 어찌하여 사지육체가 사나이와 같거늘 이 같은 억압을 받아 세상 형편을 알지 못하고 죽은 사람의 모양이 되리오.

「여권통문」, 『황성신문』, 1898년 9월 1일.

여성들이 집단적으로 권리를 주장하며 사회 진출 의지를 드러낸 글입니다. 『황성신문』과 『제국신문』 등 당대의 언론은 이 사건을 놀랍고 신기하고 희한한 일이라고 보도했습니다. 하지만 오늘날

이 사건은 구한말의 혼란 가운데 여성이 독립운동에 앞장서고 스스로 권리를 요구했다는 측면에서 큰 의미를 갖습니다.

근대화와 여성 교육

유관순은 3·1 운동 당시 치열하게 일제에 저항한 학생입니다. 유관순뿐이 아니죠. 3·1 운동에서 가장 적극적으로 활동한 이들은 대부분 여학교의 학생들이었습니다. 이화 학당, 경신 여고, 정신 여고 등 구한말 선교사들이 세운 학교가 중추적인 역할을 했습니다. 이들은 왜 독립운동에 앞장섰을까요?

당시 개신교 선교사들이 여학교 설립을 주도했고 개화파와 애국 계몽 운동가들이 이를 지지했습니다. 이들이 보기에 여성 교육이 근대 국가 건설의 초석이었던 것입니다. 글을 읽고 쓸 줄 아는 여성이 늘어나면 그들이 민족의 독립과 근대화에 기여할 것이라 믿었습니다. 조선 시대의 여성 교육을 생각하면 엄청난 변화입니다. 개신교 선교사, 개화파, 민족주의자들의 지지를 받으며 여성 계몽이 본격화되었고, 신교육을 받은 학생들이 3·1 운동에서 중요한 역할을 맡았습니다.

한편 일제는 여성 교육을 집요하게 방해했습니다. 대표적인 사례가 후치사와 노에가 만든 명신 여학교입니다. 그는 1905년 조선 시찰단의 일원으로 와서 고종의 비인 엄귀비에게 접근했으며 한일 부인회 총무 역할을 했습니다. 그가 보기에 이화 학당 같은 민족주의 여성 교육 기관은 불필요했습니다. 여성은 국가와 가족에 헌신하는 부덕(婦德)을 길러야지 저항이나 민족의식, 여성으로의 자각은 위험을 초래할 뿐이라고 생각했습니다. 그는 1906년 명신 여학교를 열고 이후 무려 32년간 학감과 주임 교사를 겸임하며 일본 제국주의가 바라는 천황과 제국과 남성에 복종하는 여성상을 가르쳤습니다.

"수레도 두 바퀴로 구른다" ― 2·8 독립 선언과 김마리아

한국 근대사에서 여성의 역사를 이야기할 때 김마리아를 빼놓을 수 없습니다. 일제 강점기를 통틀어서 김마리아만큼 유명한 여성 독립운동가는 없습니다. 그녀는 2·8 독립 선언과 3·1 운동을 주도했고 이후 임시 정부 대의원으로 선출됐습니다. 1919년 초 도쿄의 유학생들이 2·8 독립 선언을 준비하던 시기에 김마리아도 그곳에 있었습니다. 그는 다른 학생들과 함께 독립 선언을 주도했는데 마지막 단계에서 선언 대표단을 꾸릴 때 남학생들이 김마리아와 황에스더 등의 여학생을 배제했습니다. 김마리아는 남학생들의 행태를 강하게 비판했지만 대표단은 남학생으로만 꾸려집니다. 독립운동 안에 남녀 갈등이 있었던 셈이지요.

이후 김마리아는 기모노를 입고 허리에 2·8 독립 선언문을 숨겨서 국내로 돌아옵니다. 개신교 신자였던 그는 경부선, 경의선을 타고 북쪽으로 올라가며 각지에서 신도들과 접촉하고 3·1 운동을 확산시키는 데 주력합니다. 특히 평안도에 교회가 많았는데, 이들을 만나 교회의 적극적인 참여를 이끌어 냈습니다.

대한민국 임시 정부가 수립되자 애국 부인회를 조지하여 독립 자금을 모으고 임시 정부를 후원했습니다. 그러다 일제에 체포되어 옥고를 치르고 1921년 중국으로 망명하여 상하이 임시 정부에 합류합니다. 체포와 고문, 병보석과 탈출로 이어진 과정이 신문에 대서특필되었을 정도로 김마리아의 활동이 언론과 사회의 주목을 받았습니다.

김마리아는 오늘날의 국회 격인 임시 의정원에서 황해도 대의원으로 선출되었습니다. 최초의 여성 국회 의원이 된 것이지요. 이후 안창호 등과 임시 정부의 개조를 주장하였으나, 임시 정부 내 세력 갈등이 심해지고 재정 상태마저 악화되자 미국으로 유학을 떠났습니다.

미국 시카고 대학교에서 사회학을 공부하고 컬럼비아 대학교 사범대에서 석사 과정을 마칩니다. 최종적으로는 뉴욕 신학교에서 종교 교육학을 전공했어요. 여성의 몸으로 유학 생활을 하는 것이 얼마나 어려운지 토로한 글을 남기기도 했으며, 1932년에는 고된 몸을 이끌고 국내로 돌아옵니다. 이후 원산에 있는 마르다 윌슨 신학교에서 신학을 강의하면서 교회 안의 남녀 차별을 비판하고 신사 참배를 거부하다가 1944년에 순국했습니다. 이처럼 김마리아는 장소를 가리지 않고 가는 곳마다 독립 의기를 고취하려 노력했고, 동시에 남녀 차별을 비판하며 여성의 주체성을 찾기 위해 노력했습니다.

여성 해방과 조국 독립을 위한 삶

권기옥이라는 이름을 처음 듣는 사람도 있을 것입니다. 그런데 일제 강점기의 인물들 가운데에서 권기옥만큼 개인의 열망과 민족의 숙원을 동시에 달성한 예는 찾기 힘듭니다.

권기옥은 우리나라 최초의 여성 비행사이자 독립운동가입니다. 숭의 여학교 재학 시절에는 송죽회라는 비밀 결사에 참여했고 3·1운동 시기에는 애국가 가사를 등사해 배포했습니다. 그리고 거리로 나가 "대한 독립 만세"를 외치다 붙잡혀서 경찰서 유치장에 갇혔습니다.

1920년 권기옥 역시 큰 결심을 했습니다. 목선을 타고 바다로 나간 뒤 멸치잡이 배에 숨어 상하이로 탈출한 것입니다. 그곳에서 저명한 여성 독립운동가 김순애의 소개장을 받아 난징으로 갑니다. 이후 임시 정부의 추천을 받아 1923년 중국 윈난 육군 항공 학교에 1기생으로 입학해요.

그의 꿈은 비행사였어요. 동시에 독립운동도 계속하고 싶었죠. 결국 비행사라는 개인적 소망과 독립이라는 민족적 숙원을 동시에 달성하기 위해 그는 중국에서 전투기 조종사가 되었습니다. 중국군 비행사가 되어 일본과 싸우기로 한 거죠.

권기옥은 1925년 중국의 군벌 펑위샹의 공군 부대에서 복무했고, 2년 뒤 장제스의 국민당이 북벌을 할 때 최용덕 등 한인 비행사와 함께 참전했습니다. 그는 중국 공군 소속으로 총 7000시간의 비행 기록을 남겼지만, 한때 일본 밀정이라는 모함을 받고 옥고를 치러야 했어요. 유능한 파일럿이지만 일제 치하 식민지 조선인이기 때문에 오해를 받은 거죠.

최용덕 역시 일제 강점기에 활약한 조선인 비행사로 중국 공군과 의열단, 광복군 등에서 항일 투쟁을 전개했습니다. 해방 후에는 공군 참모 총장을 역임하는 등 대한민국 공군의 초석을 닦았습니다. 하지만 권기옥은 그러지 못했습니다. 여러 이유가 있지만, 가장 큰 이유는 권기옥이 여성이었기 때문입니다. 당시는 여성이 군대의 고위 지휘관이 되는 것을 용납하지 못하던 시대였으니까요.

광복군은 남자의 전유물이 아니오. ⋯ 우리는 우리 혁명을 위하여 또는 광복군의 전도를 위해, 우리 여성 자신의 권리와 임무를 위해 위대한 광복군 사업에 용감히 참가합시다. 그리고 총과 폭탄을 들고 전선에 뛰어나아가서 우리 여성의 피를 압록강 두만강 연안에 흘리고, 이 선혈 위에 민족의 자유화가 피고 여성의 평등 열매를 맺게 합시다.

오광심, 「한국 여성 동지들에게 일언을 들림」, 『광복』, 1941년 2월 1일 창간호.

일제를 몰아내는 독립 혁명을 통해 민족의 자유를 쟁취하고 사회 혁명을 통해 남녀가 평등한 세상을 만들자는 주장입니다. 하지만 해방 초기 대한민국에서 이런 기대가 이뤄지기란 요원했어요. 여전히 사회는 여성에 대한 편견으로 가득했고 남성은 바깥일, 여성은 집안일을 해야 한다고 생각했으니까요. 독립운동에 힘을 쏟았던 선구적 여성조차 현실에 좌절할 수밖에 없었어요.

여성이기 때문에 부딪혀야 했던 모순이 느껴지나요? 여성 독립운동사에 대한 관심은 자연스레 여성사에 대한 관심으로 이어집니다. 여성이기 때문에 겪어야 했던 고유한 이야기를 되짚는 일이 필요합니다. 이처럼 역사는 늘 여러 갈래로 갈라지며 우리에게 다양한 고민을 안겨 줍니다.

2-7

이곳에
여성이 있다

→ 여성 권리 투쟁사

일제 강점기 나혜석의 이혼 고백

사회적으로 젠더 갈등이 첨예해지고 있습니다. 성 평등부터 소수자 인권 문제에 이르기까지 다양한 주제가 폭발적으로 분출되고 있습니다. 여성의 권리에 대한 관심은 역사적으로 그리 오래되지 않았어요. 19세기 영국에서 여성들이 정치에 참여할 권리를 요구한 참정권 운동에서 시작했죠. 지금도 사회 문화 곳곳에 존재하는 남녀 차별을 바로잡고 나아가 여성의 주체성을 되찾으려는 활발한 움직임이 이어지고 있습니다.

> 조선 남성들 보시오. 조선의 남성이란 인간은 참으로 이상하오. 잘나든
> 못나든 간에 그네들은 적실, 후실에 몇 집 살림을 하면서도 여성에게는
> 정조를 요구하고 있구려. 하지만 여자도 사람이외다! 한순간 분출하는 감
> 정에 흐트러지기도 하고 실수도 하는 그런 사람들이외다. 남편의 아내가
> 되기 전에, 내 자식의 어미이기 전에 나는 사람인 것이오.
>
> 나혜석, 「이혼고백장」, 『삼천리』 제6권 제9호, 1934년 9월 1일.

『삼천리』에 실린 나혜석의 「이혼고백장」에 나오는 내용입니다. 나혜석은 이 글을 통해 여성에게만 정절을 강요하던 문화에 정면으로 도전했습니다. 그가 1918년에 쓴 소설 『경희』에도 "남편이 벌어다 준 밥을 그대로 얻어먹고 있는 것은 우리 집 개나 다를 바 없지요"라는 묘사가 등장합니다. 이 소설은 우리나라 최초의 페미니즘 소설로 평가받기도 합니다. 하지만 이 시기 나혜석은 페미니즘보다는 휴머니즘에 경도되었다고 보는 편이 정확합니다. 『경희』에서도 나혜석은 "여성은 인간이고 이를 하나님이 보증했다"는 주장을 합니다. 기독교에 영향을 받으며 여성의 주체성을 자각하는 과정에서 이 글을 쓴 것이죠.

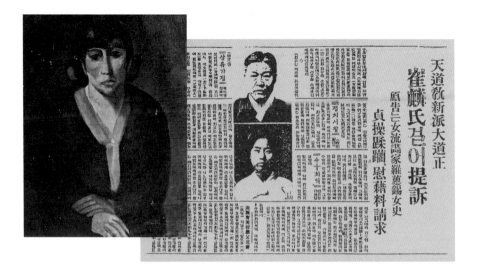
나혜석의 〈자화상〉과 이혼 소송에 관한 당시 신문 기사

식민지 여성의 옥상 농성

우리 49명의 파업단은 우리의 임금 감하를 크게 여기지 않습니다. 이것
이 마침내는 평양의 2300명 고무 직공의 임금 감하의 원인이 될 것이므
로 우리는 죽기로써 반대하려는 것입니다. 내가 배워서 아는 것 중에 대
중을 위하여 자신을 희생하는 일은 명예로운 일이라는 것이 가장 큰 지식
입니다. 이래서 나는 죽음을 각오하고 이 지붕 위에 올라왔습니다. … 임
금 감하를 취소하지 않으면 나는 노동 대중을 대표하여 죽음을 명예로 알
뿐입니다.

1931년 7월 잡지 『동광』에 실린 강주룡의 주장입니다. 1920년대 이후 일제는 식민지 조선의 공업을 발전시킵니다. 평양을 중심으로 주로 북부 지방에 경공업 공장을 짓고 조선인 여성을 고용합니다. 당시에는 민족 차별뿐 아니라 남녀 차별도 극심했습니다. 조선인 노동자는 일본인에 비해 더 오래 일하고 임금은 훨씬 적게 받았으며, 특히 여성 노동자의 처우는 더욱 심각했습니다. 그 결과 근무 조건과 임금 문제를 두고 노동 쟁의가 발생했습니다.

평양의 평원 고무 공장에서 동맹 파업을 시작했고 동맹원 강주

평양 을밀대 지붕 위에서 농성하는 강주룡 ©한국사 데이터베이스

룡이 대동강변 을밀대의 12미터 높이 지붕 위로 올라갔어요. 그리고 밤을 새워 농성을 하지요. 우리나라 최초의 고공 농성이자, 여성 노동 운동의 효시로 평가할 수 있는 사건입니다. 파업은 성공을 거듭합니다. 하지만 잠깐의 승리였을 뿐 주모자로 몰린 강주룡은 공장에서 쫓겨납니다. 강주룡에 관한 기록은 거의 없어요. 남편이 항일 무장 단체에서 활동하다 사망했고, 24세에 귀국하여 가족을 위해 평양에서 여공으로 5년간 일했다는 것이 전부입니다. 을밀대 투쟁 덕분에 '평양의 히로인', '여류 투사 강여사'라고 불리며 세간의 화제가 되었지만 일터에서 쫓겨난 강주룡은 이듬해 평양의 빈민굴에서 생을 마감했다고 합니다. 그럼에도 불구하고 여성 노동자들의 투쟁은 일제 강점기 내내 지속됩니다. 인간다운 삶을 살기 위해, 부당한 대우에서 벗어나기 위해 노력을 멈추지 않았던 거죠.

1954년 500만 환 위자료 청구 소송

1954년 2월에도 흥미로운 사건이 발생했습니다. 바로 500만 환 위자료 청구 소송입니다. 아내 현순원은 "온 남성계에 경종을 울리는 견지에서 고소했다"라면서 남편 한위동과 그의 애인 장인혜를 고발했어요.

사건이 발생하기 얼마 전인 1953년 9월 18일에 제정된 대한민국 형법에 간통죄가 명시되었습니다. 남자든 여자든 간통을 하면 양쪽을 다 처벌하기로 한 것인데, 일제 강점기에는 여성만 처벌하던 것에 비추어 보면 한 걸음 나아간 법률입니다. 그런데 이 법을 만드는 과정에서 논쟁이 벌어졌습니다. 당시에는 부유한 남성이 여러 명의 첩을 둔 경우가 비일비재했고, 특히 국회의원이나 법관 같은 사회 고위층에서 더 심각한 문제였습니다.

"본부인과 협의하에 소실을 얻어 이미 아들, 딸을 낳고 살고 있는 사람들이 있다. 법률의 관습은 남의 집 문턱 안으로 들어가서는 안 된다"라는 반발에도 불구하고 간통죄는 간통한 남녀 쌍방을 처벌하기로 했습니다. 축첩제에 반대하는 여성의 강력한 여론에 힘입어 이루어진 중요한 사법적 성과입니다.

그리고 바로 다음 해에 현순원과 한위동, 그리고 검사와 변호인이 법정에서 격렬하게 맞부딪쳤습니다. 현순원의 말을 들어 볼까요.

"8년을 눈물로 지냈다. 이혼해 줄 테니 위자료를 달라고 요구한 적도 없으며, 설사 수억 환을 준다고 해도 이제 필요 없다. 남성계의 정화를 위해 오직 처벌을 바랄 뿐이다."

그동안 부부가 별거했으니 사실상 이혼 상태였다는 남편의 말을 들은 현순원은 8년의 눈물을 강조했습니다. 경제적 보상은 필요 없으니 엄벌하여 남성들의 축첩 문화를 없애 달라고 주장하며 당시 여성의 삶과 인간의 도덕을 지켜 달라고 호소합니다.

남편 한위동은 이렇게 변론했습니다.

"사실상 이혼 상태였고, 이혼하기로 합의했다. 그런데 갑자기

2000만 환을 내놓으라고 하더라. 당장 그만한 돈은 없어서 어떻게든 800만 환을 주겠다고 했는데 물건 값도 아닌데 깎지 말라고 하더라. 그래서 이혼하지 못했다. ⋯⋯니는 이혼하는 것으로 알고 재혼을 했을 뿐이다. 죄가 있다면 재혼한 여자 말고 나를 처벌해라.”

자신이 한 일이 죄인지 몰랐고 억울하다는 주장입니다. 어쩌면 이것이 당시 남성들의 보편적 생각이었을 것입니다. 그러면서 아내가 위자료를 받으려고 소송을 제기했다고 비난했습니다.

그런데 이 사건을 담당한 이영호 검사의 입장이 무척 인상적입니다. 그는 “사건 자체를 검토하여 보건대 인간적인 면에서 동정하여 마지않는다. 하지만 값싼 동정보다 법의 존엄성에 비추어 처벌하는 것이 중요하며, 새 형법에 따른 첫 사건을 담당하게 되어서 감개무량하다”라고 소감을 밝혔습니다. 자신은 오직 법률에 따라 객관적이고 엄중하게 이 사건을 수사하고 기소했다고 밝힌 것입니다. 하지만 형법에 간통죄를 규정한 이유가 사회 변화를 반영하기 위해서였고, 또한 법관에게는 법의 목적과 가치에 대한 책임감이 필요하다는 점을 고려한다면 검사의 주장에 아쉬움이 남습니다.

한편 변호인은 법정에서 노골적으로 성차별과 편견을 조장합니다.

“본처는 2개월 전에 남편의 재혼 사실을 알고 아무런 항의도 하지 않았다. 이는 사실상 재혼을 묵인한 것이다. 따라서 고소권이 없다. 또한 이 부부는 이미 8년간 별거 상태였다. 그동안 아무런 의사

표시를 하지 않다가 별안간 위자료를 요구한 까닭이 의심스럽다."

요즘도 성폭력 피해자들을 향해 "왜 그때 격렬히 저항하지 않았나?", "바로 피해 사실을 알리지 않고 이제 와서 이러는 이유가 무엇인가?" 따위를 질문하는데, 변호사의 말도 이것과 한 치도 다르지 않습니다.

이 사건의 결과는 어땠을까요? 재판부는 공소를 기각했습니다. 판사는 변호인의 말을 판결문에 고스란히 옮겨 적었고, 이로써 간통죄를 만든 취지가 무색해지고 말았습니다. 그럼에도 이 사건은 큰 화제가 되었고 이후 축첩 행위가 근절되는 데 중요한 영향을 미쳤습니다.

1976년 동일 방직 여성 노동자의 투쟁

너무나도 엄청난 폭력 앞에서 최후의 저항 수단으로 수치심도 두려움도 떨쳐 버린 돌발적인 행동이었다. … 알몸으로 꽁꽁 뭉쳤다. 강철인들 이보다 더 강하고 단단할 수 있을까. … 누구 하나 감히 손을 댈 수가 없었다. 그것은 하나의 거대한 바위가 된 모습.

1976년 동일 방직 투쟁에 대한 노동자 석정남의 회고입니다. 동일 방직 투쟁은 1970년대 여성 노동 운동의 상징적 사건입니다. 1960년대에 산업화 정책을 펼치면서 경공업이 발달하기 시작했습니다. 도시에는 공장이 서고 그곳에 수많은 여성 노동자가 '공순이'라는 이름으로 모여 일했습니다. 산업이 발전하면서 일자리도 늘어났고 도시의 공장 노동자도 늘어났습니다. 동시에 여러 문제가 발생했습니다. 당시에는 통상 12시간씩 교대로 일했는데, 납품일을 맞추기 위해 잔업과 야근, 밤샘이 반복되었고 노동자는 타이밍(잠을 깨우는 각성제)을 복용하며 저임금·장시간 노동으로 경제 발전을 떠받쳤습니다. 게다가 폭력적인 노동 문화 탓에 폭언, 구타, 성희롱이 만연했습니다. 그 결과 가족을 위해 돈을 벌러 공장에 왔다가 건강을 잃는 노동자가 셀 수 없이 많았습니다.

"민주 노조를 결성해야 한다." 이런 상황에서 동일 방직 여성 노동자들이 노동조합을 이용하여 자신의 권리를 주장하기 시작했습니다. 1972년이 되자 여성 노동자들은 대의원 41명 중 29명을 여성으로 선출했습니다. 그리고 5월에 노조 대의원 회의에서 한국 노동 운동 사상 최초로 여성 지부장을 뽑았습니다. 그러자 회사는 남성 노동자들에게 더 큰 혜택을 주면서 여성 노동자들과 분리하는 수법을 쓰고 여성 노동자를 기숙사에 가둔 채 노동조합 선거를 다시 열었습니다.

갈등이 이어지던 1976년 7월 결국 여성 노동자들은 기숙사에서 나와 노조 사무실을 점거하고 파업 농성을 시작했습니다. 그리고 파업 사흘째에 경찰이 농성장을 둘러싸고 강제 연행을 시도했습니다. '벌거벗은 여자를 차마 때리지는 못할 것이다!' 노동자들은

동일 방직 농성에 대한 당시 기사

아무리 무지막지한 경찰이라도 알몸으로 버티는 여성에게 손을
대지는 못할 것이라고 생각했습니다. 그러나 경찰은 아랑곳하지
않고 이들을 끌어냈으며 72명을 나체 상태로 연행했습니다.

1970년대는 대한민국 사회에 노동 문제가 제기되던 시점입니
다. 세간에는 전태일 열사의 분신 항거가 가장 유명하지만, 이 시

기에 노동 운동을 주도한 이들은 여성입니다. 이후 1980년대에 장로회 신학교와 이화 여대 등에서 여성학을 과목으로 채택했고, 1991년에는 김학순이 자신이 경험한 일본군 위안부 성폭력을 증언하며 한국의 여성 문제가 국제적인 이슈가 되기도 합니다.

역사에서 갈등과 투쟁은 피할 수 없는 부분입니다. 누군가를 증오하고 괴롭히는 것이 아니라, 억눌린 이들과 고통받는 자들이 자신의 권리를 주장하며 사회를 바꿔 온 과정이 바로 역사입니다. 여성의 역사 또한 마찬가지입니다. 인류의 절반이 여성임에도 불구하고 여성 문제에 관심을 갖기 시작한 것은 겨우 200년 전입니다. 앞으로 한국에서 여성사는 어떻게 발전하고 어떤 이야기를 만들어 낼까요?

1980년
5월의 광주를
기억하며

→ 시간 위에 천천히
다시 쓴 역사

민주주의를 향한 열망

매년 5·18 민주화 운동 기념일이 다가올 때마다 5·18에 대한 가짜 뉴스와 혐오 발언이 거세집니다. 당시 광주 진압을 지휘한 군사 쿠데타 세력이 보란 듯이 잘살고 있는 모습을 보고 분노하는 시민도 많고요. 광주 학살의 주범인 전두환은 끝끝내 사과 한마디 없이 2021년 11월 23일에 사망했습니다.

1960년 4·19 혁명, 1979년 부마 민주 항쟁, 그리고 1987년 6월 항쟁과 더불어 광주 민주화 운동은 한국 민주주의 발전사의 가장 숭요한 사건입니다. 하지만 다른 사건과 달리 5·18은 여전히 현재 진행형의 성격이 강합니다.

5·18은 다른 민주화 운동과 몇 가지 부분에서 다릅니다. 첫째는 군대를 동원해 시민의 저항을 무력으로 진압했다는 점입니다. 둘째는 사건의 진상이 지금까지 제대로 규명되지 않았다는 점입니다. 마지막으로 과거 청산의 가장 중요한 모델이 되었다는 점을 이야기할 수 있습니다.

우선 1980년 5월 광주에서 벌어진 사건의 전모를 간단히 정리해 보겠습니다. 1979년 10월 26일 밤 중앙정보부 부장 김재규가 대통령 박정희를 암살합니다. 이로 인해 박정희의 장기 독재와 유신 체제가 무너졌어요. 박정희는 1961년 5월 16일 군사 쿠데타를 일으켜 정권을 장악했고, 이후 헌법을 세 차례나 고치며 1인 독재로 나아갔습니다. 1972년의 유신 헌법은 박정희의 영구 집권을 위한 도구였습니다. 박정희의 죽음으로 그가 만들어 낸 영구 독재 체제가 몰락한 겁니다.

그다음에 벌어질 일은 자명합니다. 독재자의 죽음은 치열한 내부 다툼으로 이어졌어요. 권력을 갖기 위해 내각, 정당, 그리고 군부가 경쟁했고, 결국 12월 12일에 전두환과 노태우를 중심으로 군인들이 또 한 번 쿠데타를 일으킵니다. '신군부'는 그날 밤 정승화 육군 참모 총장을 체포하고 권력을 장악했습니다. 이 사건을

12·12 군사 반란이라고 부릅니다.

하지만 이 시기에 국민들은 민주화를 열망했습니다. 오랫동안 유신 체제와 싸워 온 재야 세력과 대학생들이 거리로 쏟아져 나와 민주주의를 외쳤고, 김영삼과 김대중을 비롯한 야당의 지도자들은 정치 일선에 복귀해 자유 민주주의 헌정 체제의 회복을 강력하게 요구했습니다.

이토록 많은 사람이 민주화를 바랐지만, 현실은 달랐습니다. 차근차근 권력을 장악한 신군부는 1980년 5월 17일에 비상 계엄령을 전국으로 확대하며 시민과 정당의 정치 행위를 금지했습니다. 그리고 5월 18일부터 열흘간 광주에서 저항하던 시민들을 군대로 진압했습니다. 이로써 민주화를 향한 국민의 열망이 또 한 번 짓밟혔습니다. 당시 신군부에 의해 대통령 자리에 앉아 있던 최규하는 국민의 안전을 지키지 않았고, 이 일은 훗날까지 두고두고 비난을 받게 됩니다. 당시 국무총리였던 신현확은 대통령 최규하의 행동을 다음과 같이 회고합니다.

최 대통령은 그저 묵묵부답이었다. … 의견을 받아들이겠다는 것인지 자기 생각은 다르다는 것인지, 심중에 담긴 말을 꺼내 놓질 않으니 대통령이 무슨 생각을 하고 있는지 알 도리가 없었다. … 대체 이런 식으로 일을 처리하는 이유가 무엇일까. 싫으면 싫다, 좋으면 좋다. 자기 생각을 명확하게 밝히면 그만인데 … 신군부에 한층 더 가깝게 다가가려는 목적으로

밖에는 해석되지 않았다.

신철식, 『신현확의 증언』, 메디치미디어, 2017년, 322쪽.

최규하 대통령은 12월 12일 밤에 육군 참모 총장의 체포를 허락하면서 신군부의 손을 들어주었고, 1980년 4월 14일에는 계엄 사령관인 전두환 보안 사령관을 중앙정보부 부장 서리로 임명했습니다. 이 결정은 헌법과 법률 어디에도 근거가 없는 것으로, 전두환에게 그야말로 헌법을 초월하는 권력을 부여한 행동입니다. 그리고 5·18 민주화 운동이 시작되자 군의 진압 작전을 허용하기에 이릅니다.

군대, 시민을 향해 발포하다

군사 작전의 결과는 참혹했습니다. 수많은 시민이 죽고 다쳤습니다. 5월 21일 오전 10시 15분에 실탄을 지급받은 공수 부대원들은 오후 1시에 전남 도청 스피커에서 애국가가 울려 퍼지는 것을 신호로 집중 사격을 가했습니다. 당시 전남 대학교 병원에 실려 온 환자를 분석한 자료를 보면 사상 원인으로 총상이 91명이고 구타가 58명이었습니다. 이 밖에도 수많은 인권 유린이 일어났습니다.

M16으로 원제 저수지에서 목욕을 하던 어린 학생들을 무차별 난사했습니다. … 방광봉 군이 현장에서 사망을 했습니다. 1시 20분입니다. 전남

중학교 1학년 재학생입니다. 또 진제 마을에서는 전재수 군이 벗겨진 고무신을 줍기 위해서 뒤로 돌아선 순간 총격을 받고 사망했습니다. … 송학동에서는 칠면조 250마리를 난사해서 사살합니다. 또 한성웅 씨의 젖소 세 마리를 난사합니다. 이것이 (계엄군의) 자위권 발동입니까?

안암동 마을 … 네 명의 마을 아주머니들이 계엄군의 총을 피하기 위해 하수구로 들어갔습니다. 하수구에 들어간 박연홍 씨가 조준 사격을 받고 즉사했습니다. 이런 기가 막힌 모습을 멀리서 바라본 양민 세 사람을 … (계엄군은) 권근립 씨를 대검으로 현장에서 살해하고 임병철 씨와 김승우 씨를 머리에 각각 세 발을 쏘아서 살해합니다. 이것이 (계엄군의) 자위권입니까?

1988년에 열린 광주 청문회 기록 중에서.

진상 규명과 책임자 처벌을 향한 긴 여정

지금도 광주에서 일어난 일에 관한 유언비어가 도처를 떠돌고 있습니다. 여기에는 이유가 있습니다. 다른 민주화 운동이 승리를 거두며 시민의 요구를 관철한 데 비해 5·18 민주화 운동은 철저하게 탄압당했기 때문입니다. 광주를 진압한 전두환은 그해 10월 27일 헌법을 고치고 기어이 대통령이 됩니다. 1987년 6월의 항쟁으로 다시 헌법이 바뀌고 국민이 대통령을 직접 뽑기 전까지, 5공화국 7년 동안 광주에 대한 언급은 금기였어요. 진상 규명은커녕 권력은 그날의 진실을 감추고 왜곡하기에 급급했습니다. 지금도 떠돌고 있는 가짜 뉴스들은 대부분 이때 만들어진 것들입니다.

그러다 전두환 정권이 끝나 가던 1987년 6월, 다시 시민들의 저항이 시작되었습니다. 이번에는 독재 정권도 시민의 행진을 막을 수 없었고 결국 대통령 직선제와 5년 단임제를 골자로 헌법이 개정됩니다. 6월 민주 항쟁은 정치적 민주화를 이루어 냈고, 민주주의를 열망했던 시민들인 이제 1980년 광주의 진실을 밝힐 수 있을 것이라고 기대했습니다.

하지만 이어진 대통령 선거에서 민주화 세력이 분열하면서 신군부의 또 다른 지도자인 노태우가 대통령 자리를 잇게 되었습니다. 국민의 투표로 대통령이 된 노태우는 광주의 진실을 밝히라는 요구를 완전히 묵살할 수 없었습니다. 그래서 민주 화합 추진 위원회라는 기관을 만들고 이곳에서 광주 문제를 조사하게 했습니다.

민주 화합 추진 위원회의 최종 건의안은 광주 사태의 성격을 "광주 학생 시민의 민주화를 위한 투쟁의 일환"으로 규정합니다. 그리고 광주 시민의 명예 회복을 위한 치유 방법을 구체적으로 제시해요. 1988년 11월 26일 노태우는 대통령 특별 담화에서 광주 민주화 운동 특별법을 제정하겠다고 발표합니다. 그동안 폭도의 소요, 북한의 개입 같은 온갖 유언비어를 살포하며 '광주 사태'라고 불렀는데, 8년 만에 비로소 정당한 평가를 받게 된 것입니다. 그것도 신군부의 주역이던 노태우에 의해서 말입니다.

하지만 문제가 남아 있었어요. 진상 규명을 거부했거든요. 국가는 1980년에 광주에서 일어난 비극을 민주화 운동으로 인정하고 피해자에 대한 구체적 보상을 제시했지만, 피해자들이 간절히 염원한 진상 규명은 거부했습니다. 노태우 정권과 여당 입장에서는 들어줄 수 없는 요구였습니다. 진상 규명을 시작하는 순간 12·12 군사 반란에서 시작된 신군부의 권력 찬탈 과정이 드러날 수밖에 없고, 그렇게 되면 대통령은 물론이고 정부와 여당까지도 지탄을 받게 될 테니까요.

당시 정한모 문화공보부 장관은 "국민 모두는 서로를 이해하고 용서하는 너그러운 마음으로 아픔을 씻고 모두의 명예가 존중되는 가운데 국민 대화합에 동참"하자고 말했습니다. 상처를 들춰 봤자 서로 속만 상하니까 이쯤에서 정리하고 넘어가자는 주장이었죠. 결국 민주 화합 추진 위원회가 이런 식으로 마무리되면서 또 5년의 시간이 흘러갔고, 그렇게 12년간 5·18 민주화 운동의 진실은 베일에 가려져 있었습니다.

국가, 잘못을 인정하다

진상 규명을 향한 노력은 이후에도 꾸준히 진행됩니다. 노태우 정권기에는 1989년 초에 국회에서 5공 청문회를 열어 당시의 사실을 일부라도 세상에 알릴 수 있었고, 이후 김영삼 정권기에는 역사 바로 세우기를 추진하며 전두환, 노태우 및 12·12 군사 반란과

5·18 민주화 운동 재판을 진행했습니다. 아래의 내용은 2심 재판 판결문의 일부로, 광주에서 일어난 사건에 대한 국가와 법률의 판단을 담고 있습니다.

> 민주주의 국가의 국민은 주권자로서, 또 헌법 제정 권력으로서 헌법을 제정하고 헌법을 수호하는 가장 중요한 소임을 갖는 것이므로 이러한 국민이 개인으로서의 지위를 넘어 집단이나 집단 유사의 결집을 이루어 헌법을 수호하는 역할을 일정한 시점에서 담당할 경우에는 이러한 국민의 결집을 헌법 기관에 준하여 보호하여야 할 것이다. 따라서 이러한 국민의 결정을 강압으로 분쇄한다면 그것은 헌법 기관을 강압으로 분쇄한 것과 마찬가지로 국헌 문란에 해당한다고 보지 않으면 안 된다.
>
> 서울 고등 법원 96노 1892 판결에서.

어려운 말이지만 너무나도 중요한 내용을 담고 있습니다. 법원은 국민이 헌법을 수호하기 위해 집단을 결성해서 저항하면 그 자체로 헌법 기관이라고 말합니다. 그러한 헌법 기관을 위협하고 파괴한 신군부의 진압은 헌법을 문란하게 한 행위, 즉 민주 국가에 대한 명백한 반란이라는 내용입니다. 이어진 대법원 판결에서는 이 부분을 "광주 시민들의 시위는 국헌을 문란하게 하는 내란 행위가 아니라 헌정 질서를 수호하기 위한 정당한 행위였다"라고 정확히 명시합니다.

이를 통해 5·18은 민주화 운동으로 법적 위상을 확립했어요. 하지만 군대의 발포를 명령한 자를 비롯하여 헬기 사격, 암매장, 사망자 수 등 여전히 밝혀지지 않은 부분이 있기 때문에 최근까지도 진상 조사 위원회를 만들어서 계속 조사하고 있습니다.

과거사 청산의 대표 모델 대한민국

1980년 광주에서 일어난 일의 진실을 밝히기 위해 한국 사회와 국가가 해 온 일들은 세계적으로도 비슷한 예를 찾기 힘듭니다. 과거의 군사 쿠데타나 국가 폭력을 뒤늦게라도 조사해서 책임자를 처벌하고 피해자의 명예를 회복하고, 나아가 국가가 직접 잘못을 사과하는 것은 결코 쉬운 일이 아닙니다. 이 부분에서 대한민국은 모범 사례를 만들었습니다.

무엇보다도 5·18 광주 민주화 운동이 남긴 상처와 피해를 어떻게 회복할 것인지가 중요한 문제였습니다. 노태우 정권 시기에 정부가 민주화 운동의 의미를 인정하고 보상하는 한편 국회에서는 청문회를 열고 진상 규명을 시도했습니다. 김영삼 정권은 시민을 무력으로 진압한 사건의 책임자를 법으로 처벌했습니다. 그리고 이 노력은 김대중, 노무현 정부로 이어지며 점점 더 확대되고 발전합니다. 1948년 제주 4·3 사건과 한국 전쟁 시기의 민간인 학살, 과거 독재 정권 시절의 인권 유린 사건은 물론, 나아가 친일파 연구 사업에 이르기까지 역사를 복원하기 위해 정부는 예산을 편성하고 전문가들을 모아 진상 규명을 추진했습니다. 그리고 과거를 기억하고 기념하기 위해 전시를 비롯한 여러 사업을 지속적으로 추진하고 있습니다

아시아와 아프리카의 수많은 나라는 1945년 2차 세계 대전이 끝난 뒤에야 식민지에서 해방되었습니다. 라틴 아메리카는 그보다 이른 19세기에 제국주의 열강으로부터 독립했습니다. 이 가운데 여러 나라가 20세기 내내 군사 쿠데타와 국가 폭력, 그리고 인권 유린을 겪었습니다. 하지만 우리나라처럼 집요하게 과거를 청산하기 위해 노력한 나라는 거의 없습니다.

우리의 성과를, 우리가 만든 민주주의를 자랑하고 우쭐하자는 말이 아닙니다. 저는 우리가 만들어 온 과거사 청산의 방법을 다른 나라와 공유하여 그곳에서도 과거를 극복하고 미래를 향해 나아갈 수 있도록 도와야 한다고 생각합니다. 우리의 노력이 그들의 상상력이 되고 우리의 성취가 그들의 가능성이 될 수 있으니까요. 민주주의와 인권은 세계 시민 모두가 누려야 하는 권리이기 때문입니다. 한국의 모델은 세계의 과거사 청산을 위한 단초가 될 수 있을 것입니다. 역사를 통해 우리가 세계와 무엇을 나눌 수 있는지 고민해야 합니다.

대한민국은 민주 공화국이다

→ 헌법의 역사

지금도 중요한 대한민국 제헌 헌법

"헌법이 중요하다"라는 말을 많이 들었지만 여전히 헌법은 어렵고 낯선 것 같습니다. 헌법 재판관 같은 전문가들이 다루는 영역처럼 멀게만 느껴지는 건 왜일까요? 이유는 명확합니다. 헌법을 나 자신의 권리를 보장하는 문서라고 생각해 본 적이 없기 때문입니다. 대한민국 헌법은 1948년 제정 이후 아홉 번 바뀌었습니다. 지금은 열 번째 헌법을 사용하고 있는데, 대부분의 헌법 개정이 독재 정권의 권력 연장 수단으로 악용되었습니다. 그러다 보니 헌법을 국민의 것, 나의 것이라고 느낄 기회가 적었습니다.

헌법은 한 나라의 지향을 압축해서 만든 문서입니다. 우리나라는 1948년 정부를 수립하는 과정에서 처음 헌법을 만들었습니다. 1948년 5월 10일에 총선거를 열고 헌법을 제정할 제헌 국회의 의원을 선출했고, 곧 헌법 위원회를 구성하고 헌법안을 만들었습니다. 이 안을 국민 투표를 거쳐 확정한 후, 헌법을 바탕으로 대통령과 국무 위원, 그리고 사법부 등의 국가 기관을 조직하고 국가를 운영하기 시작했습니다.

대한민국의 헌법은 서양에서 발전한 근대 헌법을 모델로 삼고 있습니다. 제헌 헌법은 여기에 더해 1919년 대한민국 임시 정부가 만든 대한민국 임시 헌장을 계승했습니다. 헌법 1조 1항의 "대한민국은 민주공화국이다"는 임시 헌장 1조를 그대로 따온 문장으로, 헌법이 아홉 번 바뀌는 동안에도 이것만큼은 한 번도 바뀌지 않았습니다. 거대한 역사 변동을 겪으면서도 민주 공화국의 이상을 포기하지 않고 계승, 발전시켰다고 볼 수 있죠. 또한 임시 정부는 1941년에 대한민국 건국 강령을 발표하면서 농지 개혁 같은 강력한 사회 개혁을 천명했는데, 이 또한 제헌 헌법에 고스란히 반영되었습니다.

대한민국 건국 강령 제1장 총칙 3.
우리나라의 토지 제도는 국유(國有)에
유범(遺範)을 두었으니 … 지극히 공평
한 분수법을 따라 후인들이 사사로이
겸병하는 폐단을 혁파한다고 하였다.
이는 문란한 사유 제도를 국유로 환원
하려는 토지 혁명의 역사적 선언이다.

제헌 헌법 제6장 경제 제86조.
농지는 농민에게 분배하며 그 분배의
방법, 소유의 한도, 소유권의 내용과 한
계는 법률로써 정한다.

대한민국 정부 수립 기념식
ⓒ독립 기념관

헌법 공포 기념사진 ⓒ국립 민속 박물관

정의롭고 자유롭고 평등한 나라를 만들자

제헌 헌법은 국가의 역할로 자유와 평등의 조화를 주문합니다. 기회 균등의 원칙을 천명하면서두 기회이 균등이 초래하는 결과의 불평등까지 고려했던 것이죠. 자본주의 시장 경제에서는 시간이 지날수록 빈부 격차 같은 문제가 생기잖아요? 자유와 평등 사이를 갈팡질팡하다 사회적 균형이 무너질 수도 있습니다. 이를 막기 위해 국가가 적극적으로 자유와 평등을 수호하겠다는 다짐을 헌법에 담았습니다.

제헌 헌법에서 가장 인상적인 부분은 이익 균점권입니다. 이것은 현행 헌법에도 존재하지 않는 매우 진보적 조항입니다. 말 그대로 기업의 수익을 노동자와 기업가가 공정하게 나누어야 한다는 내용입니다. 이익을 공정하게 나눌 때 노동자의 노동 의욕이 고취되고 산업 경쟁력이 높아져서 더 많이 성장할 수 있다는 생각으로 만든 조항이지요. 더불어 이익 균점권을 실행하면 노동자는 보다 안정적인 경제 생활을 할 수 있습니다. 오늘날 북유럽의 사회 민주주의와 복지 국가론을 이야기할 때 등장하는 개념인데, 1948년에 만든 제헌 헌법에 이 조항이 명문화된 것은 굉장한 일입니다. 36년간의 식민지 통치에서 벗어나 정말로 정의롭고 자유롭고 평등한 나라를 만들고자 했던 건국 의지가 엿보입니다.

이승만 정권기 헌법의 역사

대한민국 헌법은 곧장 시련을 겪게 됩니다. 1948년 7월 17일 헌법 제정 이후 10년도 안 지나서 두 차례나 바뀌었으니 말입니다. 이승만 대통령 시기의 개헌을 발췌 개헌(1952년)과 사사오입 개헌(1954년)이라고 부릅니다. 발췌 개헌은 한국 전쟁 중에 임시 수도 부산에서 정치 깡패와 헌병대를 동원해 강제로 이루어졌고, 사사오입 개헌은 개헌안이 국회에서 1표 차이로 부결되자 다음 날 수학자와 공학자를 동원하여 억지로 결과를 뒤바꾼 사건입니다. 두 번 모두 과정 전체가 불법이었으며, 무엇보다 개정의 목표가 단지 이승만의 권력 연장이었다는 점에서 한국 현대사의 비극이라 할 수 있습니다.

단지 헌법을 고친 것만 문제가 아닙니다. 이승만 정권의 경우 헌법을 무시하고 국가 운영을 제멋대로 했거든요. 그러면서 헌법과 법률을 필요할 때마다 이리저리 뜯어고쳤습니다. 이를 보면서 국민들이 어떤 생각을 했겠어요. '헌법은 나랑 상관없는 일이구나. 오직 권력의 도구이구나'라고 생각했겠죠. 헌법의 의미와 가치가 제대로 자리 잡아야 할 시점에 정반대의 일이 벌어진 것입니다. 헌법이 국민이 아니라 오직 권력자에게 전유되는 사건은 이후에도 반복되었습니다.

박정희 정권기 헌법의 역사

4·19 혁명은 이승만 정권을 무너뜨리고 당시의 시대적 열망을 담아서 2공화국 헌법(헌법 제4호, 1960년 6월 15일 시행)을 만들었지만 이듬해인 1961년 5·16 군사 쿠데타가 일어나면서 헌법은 다시 한번 무력해집니다. 군사 정부는 2년간 헌법의 효력을 중지했고, 1963년에 간신히 새 헌법(헌법 제6호, 1963년 12월 17일 시행)이 마련돼요. 그런데 이번 헌법은 쿠데타를 일으킨 군인들이 자신의 입맛대로 쓴 것입니다. 헌법 전문에 "4·19 의거와 5·16 혁명의 이념에 입각하여 새로운 민주 공화국을 건설"하겠다고 적어 놓았을 정도입니다. 국민들이 주도한 4·19는 의거였고, 이를 완수하기 위해 자신들이 혁명을 일으켰다는 궤변입니다.

선거를 통해 대통령이 된 박정희는 이후 삼선 개헌(1969년)과 유신 헌법 개정(1972년)을 감행합니다. 모두 세 번이나 헌법에 손댄 것인데, 이번에도 목적은 정권 연장이었습니다. 대통령 재선 이후에는 "한 번만 더 하고 후계자를 육성"하겠다는 거짓말로 삼선 개헌을 관철했고, 김대중의 추격을 따돌리고 간신히 삼선에 성공한 다음에는 유신 체제를 구축해 극단적으로 헌법을 왜곡합니다. 유신 헌법은 민주 공화국의 헌정 체제를 박정희의 영구 독재로 덮어 버린 헌정사의 비극입니다. 이때의 대한민국은 무늬만 민주 공화국일 뿐 실상은 극단적 독재 국가였습니다.

1972년 10월 17일 박정희는 대통령 특별 선언을 통해 기존 헌법

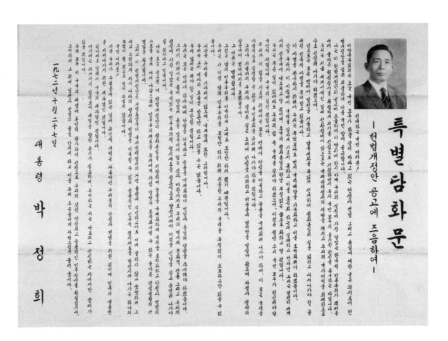

유신 헌법 개정에 대한 박정희의 특별 담화문 ©국립 민속 박물관

을 정지시켰습니다. 그리고 국회를 해산하고 정당 및 정치 활동을 금지했으며, 비상 국무 회의에서 국가를 운영하겠다고 발표했습니다. 그리고 비상 국무 회의에서 열흘 안에 새 헌법을 만들 테니 한 달 뒤에 국민 투표를 하자고 말했습니다. 이렇게 불쑥 유신 헌법이 등장했습니다.

유신 헌법의 내용은 충격적이었습니다. 앞으로 대통령을 국민이 아니라 통일 주체 국민 회의에서 간접 선거로 뽑고, 국회 의원의 3분의 1도 여기에서 뽑겠다는 것이었으니까요. 쉽게 말해 박정희의 심복들이 모여서 대통령을 뽑고 자기들은 국회 의원을 하는 구조입니다. 이렇게 국회까지 장악한 뒤 언제든 개헌을 하겠다는 것인데, 한술 더 떠서 대통령에게 마음대로 국회를 해산할 수 있는 권리까지 주었습니다. 심지어 긴급 조치라는 것도 있었어요. 대통령이 긴급 조치를 발동하면 헌법의 일부 조항을 중지시킬 수 있는 초법적 권한이죠. 박정희 대통령에게 반하는 행동을 하거나 유신 체제를 비판하면 누구도 살아남을 수 없는 극단적인 독재 권력을 교묘하게 헌법에 담았습니다.

유신 체제는 한국 헌정사의 가장 심각한 위기였습니다. 민주 공화국을 수호해야 하는 헌법이 오히려 민주주의를 말살하던 구조는 1980년대 전두환 정권 때까지 이어지다, 1987년 6월 민주 항쟁을 통해 마침내 소멸돼요. 그리고 현재 우리가 사용하는 헌법(제10호 헌법, 1988년 2월 25일 시행)이 등장하게 됩니다.

다시 민주 헌법의 시대로!

오늘의 헌법에도 박정희의 흔적이 많이 남아 있습니다. 여전히 헌법 조문의 주어가 국민이 아니라 국가인 경우가 많거든요. 특히 경제 부분에서 국가가 주도한다는 표현이 반복되는 것은 개발 독재 시대의 여파라고 할 수 있습니다. 뿐만 아니라 투표를 통해 선출하던 부통령을 없애고 실권 없는 총리를 대통령이 임명하게 하거나, 대통령이 국무 회의를 주관하며 결정까지 내리는 구조 때문에 제왕적 대통령제라는 지적을 받기도 합니다.

외국의 사례를 보아도 대통령의 권력이 이렇게 비대한 경우는 드뭅니다. 예를 들어 미국은 러닝메이트 제도를 통해 부통령을 투표로 선출합니다. 이렇게 국민의 선택을 받은 부통령은 실권은 적더라도 사회적 권위를 바탕으로 대통령을 견제할 수 있습니다. 프랑스는 대통령이 총리를 임명하긴 하지만, 총리는 국무 회의를 주도하며 사회 각 분야에 행정권을 발휘합니다. 임명된 총리가 선출된 대통령을 견제하는 방식인데, 이런 구조를 이원 집정부제라고 부릅니다.

국무 회의 의결권도 주목해야 할 부분입니다. 제헌 헌법은 대통령이 국무 회의를 독단적으로 이끌 수 없도록 의결권을 제한했습니다. 각 분야의 최고 전문가를 장관으로 앉혔는데 대통령이 혼자 결정하는 구조는 이상하잖아요? 장관을 무력하게 만들 수 있고 전문성이 부족한 대통령이 불합리한 선택을 할 수도 있기 때문입니다. 따라서 쟁점 사안을 국무 위원의 투표로 결정하도록 의결권을 제어했습니다. 의결권 제한은 현행 헌법을 개정하게 된다면 제헌 헌법처럼 개선해야 할 부분이라고 생각합니다.

우리는 1960년 4·19 혁명 이후 30여 년 만에 국민이 주도한 민주 혁명으로 민주 헌법을 되찾았습니다. 그리고 헌법은 다시 30년이 넘도록 자유 민주주의를 수호하며 잘 기능하고 있습니다. 현재의 헌법이 제헌 헌법을 계승하면서도 개인의 자유와 노동자의 권리, 사회 복지 국가 등 새로운 가치를 포괄했기 때문에 이 가치들이 우리 사회에 차곡차곡 정착될 수 있었던 것 같습니다.

그렇다면 앞으로 우리는 어떤 헌법적 상상력을 가져야 할까요? 오늘 우리가 겪고 있는 사회 문제, 기존의 헌법과 법률 체계로는 접근할 수 없지만 그럼에도 반드시 이루어야 하는 가치를 생각하며 더 좋은 헌법과 보다 행복한 미래를 꿈꿔야 합니다. 크고 멋진 집을 짓기 위해서는 구조를 꼼꼼하게 설계하고 기초를 튼튼하게 다져야 하잖아요. 헌법은 국가라는 집의 기초 중의 기초라는 사실을 반드시 기억하면 좋겠습니다.

3장

역사는 사람들이 살아온 시간에 관한 이야기입니다. 그리고 인류는 지구라는 공간에서 살고 있습니다. 거대한 성을 쌓기도 하고, 웅대한 궁궐을 짓기도 합니다. 그러다 전쟁을 일으켜서 자신들이 이룬 것을 파괴하기도 하죠. 청동기 시대에서 철기 시대로 넘어왔고, 말이나 마차를 타다가 기차와 자동차로 갈아타기도 했습니다. 그냥 살아가는 것이 아니라 주어진 공간에서 많은 것들을 짓고 부수며 살아가는 것이 인간의 특성입니다.

역사를 더욱 폭넓게 이해하기 위해서는 공간에 관심을 가질 필요가 있습니다. 고고학을 통해 발견한 유적과 유물을 자세히 살펴볼 수도 있고, 궁궐이나 산성 같은 전통 건축물을 관찰하면서 옛사람의 풍류를 느낄 수도 있습니다. 현재 세계는 유네스코를 중심으로 인류가 만든 문화유산을 함께 보존하려고 노력하고 있습니다.

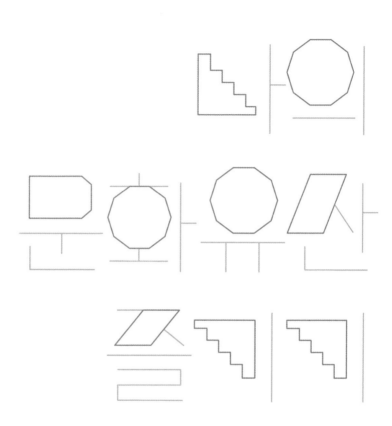

내가
크로아티아에서
배운 것

3-1

→ 시간은
만들어 낼 수 없다

크로아티아, 미야자키 하야오, 그리고 폴리스

개인적인 이야기를 해 보겠습니다. 몇 해 전 EBS〈세계테마기행〉을 촬영하며 한 달간 크로아티아를 여행했습니다. 이탈리아를 마주 보고 있는 아름다운 나라. 아드리아해를 따라 길게 펼쳐진 이 나라에는 높고 단단한 바위산이 많은데 그 경관이 예술품처럼 아름다웠습니다. 애니메이션의 거장 미야자키 하야오가 젊은 날 이곳에서 유학을 했다고 합니다. 그래서일까요, 크로아티아의 풍경이 그의 작품 속 풍경과 무척 비슷해 보였습니다. 〈천공의 성 라퓨타〉의 배경이 된 모토분 일대에는 산봉우리마다 벽돌로 지은 집들이 옹기종기 모여 있고, 〈붉은 돼지〉나 〈하울의 움직이는 성〉, 〈마녀배달부 키키〉 같은 작품은 아예 크로아티아를 옮겨 놓은 것 같습니다. 아마도 미야자키 하야오는 이국적인 곳에서 출발하여 자신의 모국을, 일본적인 것을 찾아간 듯합니다. 초기 작품의 배경이나 정서가 대부분 크로아티아적이었다면 〈모노노케 히메〉, 〈센과 치히로의 행방불명〉에서는 지극히 일본적으로 변합니다. 바위에 글씨를 새기듯 인간의 문명을 써 내려간 크로아티아에서 출발하여 숲의 정령을 섬기고, 거대한 자연 앞에 순복한 일본 고전 문화에 도달한 느낌이라고나 할까요?

세계사 시간에 고대 그리스 세계의 폴리스에 관해 배운 걸 기억하나요? 고대 그리스는 도시 국가로 이루어졌다고 외웠죠. 그때 참 이상하다고 생각했습니다. 지금 우리나라를 보면 두만강과 압록강을 경계로 한반도 전체가 우리 영토인 데 반해 고대 그리스 세계의 폴리스는 그리스반도와 터키반도, 이탈리아반도에 넓게 분포하면서도 해안 지역에만 위치합니다.

크로아티아의 가장 유명한 관광지인 두브로브니크는 도시 국가의 전통을 계승하고 있는데, 직접 가서 보니까 단박에 의문이 풀렸습니다. 우선 바다가 호수처럼 잔잔한 편이고, 해안을 따라 평야가 길게 펼쳐져 있었습니다. 반면 그 뒤로는 쉽사리 넘어가기 힘든 거

크로아티아 두브로브니크

대한 바위산이 병풍처럼 가로막고 있더군요. 그러니 해안 지방에
사는 사람들은 그곳에 도시를 이룬 후 배를 타고 어업에 종사하고,
상업으로 생계를 꾸린 것입니다. 폴리스 시민들은 배를 타고 조금
만 가도 그리스반도, 이탈리아반도, 터키반도로 갈 수 있고, 지중
해를 중심으로 유럽, 아프리카, 아시아가 이어지니 힘들게 산을 넘
어 내륙으로 영토를 확장하기보다는 해상 무역에 적극적이었던
것이죠.

　지리적 조건이 한반도와 달랐습니다. 동아시아에서는 고대부터

내륙에 국가를 형성했고 어업보다 농업이 발전했습니다. 정치 원리로는 유학 사상이 통용되었는데 유학자들은 농업을 이상적인 노동으로 보았습니다. 사회적으로든 문화적으로든 도시 국가로 남긴 어려운 조건이었어요. 그렇기 때문에 한국은 삼면이 바다이고 풍부한 수자원이 있음에도 불구하고 해안 지역을 중심으로 나라를 세우거나 해상 세력이 역사의 전면에 등장하지 않았습니다. 아마도 장보고가 거의 유일한 예라고 할 수 있고, 공교롭게도 동아시아 전체에서 가장 활발했던 해상 세력은 왜구였습니다. 북방 유목 민족의 위협을 의식하며 중국 문명의 영향을 받은 한반도 사람들의 관심은 언제나 대륙 쪽을 향할 수밖에 없었습니다.

성 블라이셰 축제

저는 크로아티아에서 지역 축제에 직접 참여했습니다. 제가 갔을 때는 1월 초 한겨울이었어요. 무척 추운 날씨에도 불구하고 두브로브니크에서는 성 블라이셰 축제가 열렸습니다. 이 행사는 무려 600년의 역사를 가졌다고 합니다. 블라이셰는 중세의 기억을 간직한 아드리아의 진주, 두브로브니크의 수호 성인으로 해마다 새해가 시작될 무렵에 그를 기리는 축제가 열립니다.

이곳에 오기 전에 이스트라반도에 있는 비슈코보라는 도시에서 먼저 축제를 구경했습니다. 그곳에서는 산에서 가축을 몰고 다니는 목동들이 주인공이었습니다. 축제의 이름은 종지기 축제인데 예부터 목동들이 야생 동물을 쫓기 위해 종을 울리던 것이 축제의 기원이라고 합니다. 그들이 무섭게 생긴 괴물 탈을 쓰고 온몸에 양털을 휘감은 뒤 허리에 큰 종을 차고 거리를 행진했는데, 인상이 아주 강해 보입니다. 종지기들이 걸어갈 때마다 종소리가 커다랗게 울려 퍼지고, 괴물 탈을 뒤집어쓴 사내 수십 명이 모여서 허리를 흔들면서 축제는 절정으로 치달아요.

그 광경을 보며 저도 같이하고 싶어졌습니다. 그래서 조심스럽게 얘기를 꺼냈는데, 단호히 거부하더군요. "이 옷은 우리 마을 사람들 가운데에서도 종지기 혈통만 입을 수 있다. 각자가 자기 마을의 전통에 따라 옷을 만들기 때문에 당신을 끼워 줄 수 없다." 뭐 이렇게 말이죠.

하지만 두브로브니크에서는 달랐어요. 마을 주민 한 분이 선뜻 아들의 옷을 꺼내 주셨습니다. 웃는 얼굴로 "이건 우리 동네의 전통 의상이에요"라고 말씀하시면서 말이죠.

왜 이렇게 즐거워할까?

그런데 저는 동네 전통 의상이라는 표현이 낯설었습니다. 우리나라의 전통 의상은 한복인데, 그 복식이 지역마다, 동네마다 다르지는 않잖아요. 조선 중기 이후에 붕당 정치가 극에 달하면서 지역별로 옷을 입는 방법이 달라졌다는 기록은 있습니다. 노론과 소론의 옷고름 매는 방식이 다르고, 서인과 남인이 옷매무새 다듬는 방식이 달라서 눈썰미 있는 사람은 상대방이 어느 당파에 속하는지 한눈에 알아볼 수 있었다고 합니다. 하지만 그들이 서로 다른 옷을 입은 건 아니었죠.

조선 시대에는 지역이나 동네가 아니라 신분에 따라 복장이 달랐습니다. 노동을 하지 않는 양반들은 옷소매를 길게 늘어뜨리고 여러 가지 장신구를 착용하여 멋을 낸 반면, 노동에 종사하는 백성들은 옷소매가 좁고 바지 길이는 짧았습니다. 양반들처럼 헐렁하게 옷을 입으면 농사를 짓고 물건을 나를 때 불편하기 때문입니다. 잠방이는 당시 농민들의 대표적 복장입니다. 논에 들어가 일하려면 길이가 짧고 물에 젖어도 금방 마르는 반바지 차림이 편했던 것입니다.

당시 여성의 복장을 선도한 이들은 기생이었습니다. 기생의 신분은 천역을 담당하는 천민이었습니다. 하지만 그들이 입은 옷은 유행의 첨단이었고 양반가 규수들도 열심히 흉내 낼 정도였습니다. 신윤복의 유명한 작품 〈월하정인〉에 나오는 여성이 기생인지 양반인지를 두고 논란이 있을 정도니까요. 여하간 한복의 기본 디자인은 당시 조선 안 어느 지역을 보더라도 비슷했습니다.

그런데 두브로브니크에서는 동네마다 전통 의복의 문양과 색감이 다르고 꾸미는 방식도 달랐습니다. 그리고 이런 차이를 크로아티아 전역에서 확인할 수 있었습니다. 전통 의상만 다른 게 아니라 지역마다 축제를 즐기는 방법도 달랐습니다. 비슈코보의 축제가

오명현, 〈독 나르기〉, 유리 건판 ⓒ국립 중앙 박물관

신윤복, 〈월하정인〉, 유리 건판 ⓒ국립 중앙 박물관

행진을 하며 자유롭게 춤과 음악을 즐긴 뒤 나중에 함께 모여서 술과 음식을 나눠 먹는 마을 잔치 같았다면, 두브로브니크의 축제는 가톨릭 전통과 관련 있었습니다. 사람들이 도시 곳곳을 빙 돈 다음 성당으로 가서 주교에게 인사하고 성모 마리아에게 기도하더군요. 그다음에 사제가 성물을 들고 함께 행진하고, 마지막에는 각 마을의 대표들이 깃발을 들고 모여 성직자에게 충성을 맹세하는 의식을 했습니다.

무척 짜릿한 경험이었습니다. 저는 이 축제의 600년 역사상 처음으로 전통 의상을 입고 참여한 동양인이 되었어요. 마을 사람들이 제 주변으로 몰려오고 관광청 직원이 찾아오더니 나중에는 방송사의 취재 경쟁이 벌어졌습니다. 축제의 깜짝 스타가 되었죠. 얼떨떨한 기분을 뒤로하고 곰곰이 생각해 보니 이런 생각이 들었습니다.

'아, 이곳에서는 지역 주민들이 직접 축제를 만들고 이어 가고 있구나. 그리고 축제란 그 지역의 전통과 고유성을 바탕으로 그곳에서 뿌리를 내리고 살고 있는 사람들이 직접 만들고 즐기는 일상의 한 장면이구나!'

우리는 왜 즐기지 못할까?

요즘 우리나라 각 지역에서 열리는 축제는 많은 경우 역사가 길지 않고 대부분 지방 자치 단체의 주도로 진행됩니다. 관공서의 예산을 써서 행사 업체를 동원하고 행사 기획자들이 내용을 만들면, 주민들 가운데 관심을 가진 사람이 구경하러 오는 형태입니다. 여기에 지역 축제라는 이름을 붙이지만, 사실은 전국의 관광객을 불러들이는 것이 진짜 목표입니다.

몇 년 전 동대문 이화 벽화 마을에서 작은 소동이 벌어졌습니다. 해바라기 계단으로 유명했던 동네인데, 주민들이 그림을 싹 지워 버린 것입니다. 알고 보니 밤늦도록 관광객이 찾아와 떠들고 사진을 찍는 일이 매일 반복되면서 주민들의 불만이 폭발한 것이었습니다. 이후 전국 각지에서 비슷한 일이 생겼습니다. KBS 방송의 예능 프로그램 〈1박 2일〉의 촬영지에서도 벽화가 송두리째 지워졌습니다.

무엇보다 큰 문제는 이런 식의 지역 관광 사업이 그 마을 주민이나 그 지역의 문화유산 보존에 별 도움이 안 된다는 점입니다. 관광지에 와서 예쁜 사진만 찍고 맛있는 음식만 먹고 가는 경우가 더 많기 때문입니다.

가까운 곳에서 역사와 전통을 찾아보자

우리나라는 역사가 깊은 만큼 지역마다 다양한 문화유산이 퍼져 있습니다. 인천, 군산, 목포 같은 항구 도시에는 일제 강점기의 유산이 많습니다. 부산은 임진왜란과 관련이 깊고 무엇보다 한국 전쟁 흥남 철수 때 피난민이 모이면서 독특한 문화 접변 현상이 생겼습니다. 인천에 청나라 조계지가 설치된 이후 이곳으로 온 화교들이 한국식 짜장면을 만들어 냈듯이, 부산에서는 북한식 냉면이 밀면으로 바뀌었습니다. 또한 피난민이 만든 국제 시장과 부산의 맛이 모여 있는 깡통 시장이 공존합니다. 진해는 다른 항구 도시와 달리 군사 도시 성격이 강합니다. 일본 해군의 핵심 기지였기 때문입니다. 13세기에 몽골이 일본을 침략할 때도 이곳에서 배를 만들었고, 지금도 대한민국의 해군 기지가 이곳에 있지요.

신라의 수도였던 경주에는 불국사, 석굴암 같은 삼국 시대의 유산이 많지만 옥산 서원, 양동 마을 같은 조선 시대의 흔적도 남아 있습니다. 경주, 창원, 그리고 통영에서는 신기할 정도로 한국 문학사의 중요한 인물들이 태어났습니다. 『무녀도』를 쓴 김동리와 청록파 시인 박목월이 경주 출신이며, 통영에서 태어난 시인 유치환은 오랫동안 경주에서 교편을 잡고 학생들을 가르쳤습니다. 김춘수도 통영 출신이고요. 유치환이 결혼할 때 시동이 김춘수였고, 김춘수 첫 시집의 서문을 유치환이 써 주기도 했습니다. 그리고 김춘수가 마산 중학교에서 가르친 학생 중 한 명이 「귀천」을 쓴 시인 천상병이니, 문학 교과서에 나오는 시인은 전부 다 이 지역에서 태어났다는 농담이 있을 정도입니다.

서울은 1394년 조선이 수도를 개성에서 옮겨 온 이래로 한반도의 중심지였습니다. 600년이 넘도록 수도로 기능하고 있는 만큼 수없이 많은 문화유산을 보존하고 있습니다. 지역에 따라 어떤 기능과 형태의 문화유산이 분포해 있는지 분류할 수 있을 정도입니다. 종로구와 중구 일대는 조선 왕조, 일제 강점기, 그리고 대한민국사의 중요한 유적이 무여 있습니다. 5대 궁궐뿐 아니라 조선 총독부 산하의 건물이 남아 있고 청와대와 정부 종합 청사 같은 현대 권력 기관도 이곳에 밀집해 있습니다. 조선 태종 때 형성된 시전 거리인 종로와 일제 강점기 때 일본 상인들이 진출해서 만든 명동은 지금도 최고의 상업 지구로 밤낮없이 시끌벅적합니다. 반면 서울 동쪽의 강동구와 송파구에는 선사 유적지와 한성 백제의 도성인 풍납 토성, 몽촌 토성이 있습니다. 서울이라는 공간에 2000년이 넘는 역사의 시층이 공존하는 것이지요.

재미있는 축제를 만드는 방법

우리도 노력을 많이 하고 있습니다. 궁중 문화 축전이나 진주 남강 유등 축제 같은 인기 있는 문화 행사도 열리고, 전주 한옥 마을과 군산 근현대 사거리, 광주 양림동 거리처럼 아예 공간 설계를 새로 한 곳도 있습니다. 이런 행사에서는 철저한 고증을 바탕으로 조선 시대 왕의 행차나 군인의 훈련을 고스란히 재현하곤 합니다.

자, 그렇다면 이제 무엇을 어떻게 해야 할까요? 역사는 문자와 기억으로 이어집니다. 특히 과거 사람들의 생활상은 기본적으로 이야기로 구성될 수밖에 없거든요. 하지만 이런 이야기는 눈에 잘 보이지 않지요. 단지 남아 있는 공간을 통해 과거의 생활상을 눈으

2019년 광화문 일대에서 열린 궁중 문화 축전 중 〈신산대 놀이〉 ⓒ위키미디어 공용

풍납 토성 복원 상상도(1967년 9월 제작) ⓒ서울 사진 아카이브

로 볼 수 있습니다. 역사가 이야기를 시간 위에 기록한 것이라면 그 시간을 통과하며 여러 유적과 유물, 각종 문화유산이 공간에 남기 때문입니다.

시간과 공간을 잇는 것은 지식의 힘입니다. 우리 주변을 채우고 있는 문화유산에 의미를 부여하고 가치를 발굴하는 일은 반짝이는 아이디어와 행정 절차, 그리고 막대한 자본으로만 가능한 것이 아닙니다. 이런 것들은 오히려 부차적입니다. 우리는 왜 역사를 공부해야 할까요? 여러 이유가 있지만, 중요한 것은 오늘 우리의 삶에 가치를 부여하고 과거의 의미를 발견하며 모두가 함께 즐길 수 있는 시간을 만들기 위해서가 아닐까요?

우리 주변의 많은 행사들이 대중의 외면을 받는 이유는 무엇일까요? 돈과 인기만 바라기 때문일지도 모르겠습니다. 이미 지나간 시간을 다시 만들어 낼 수는 없습니다. 그것을 보존하고 아끼며 함께 즐기려 노력하다 보면 어느 순간 많은 사람이 아끼고 사랑하는 문화유산이 되어 스스로 피어날 것입니다.

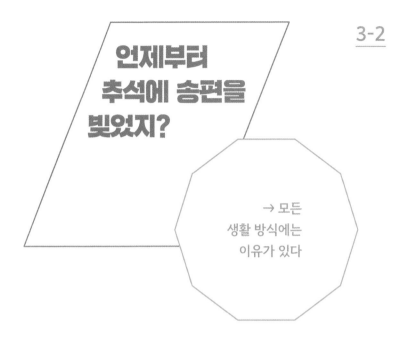

언제부터
추석에 송편을
빚었지?

→ 모든
생활 방식에는
이유가 있다

즐겁고도 괴로운 한국의 명절 풍경

한국의 대표 명절은 설날과 추석입니다. 일 년에 두 번 일가친척이 모이는 날이고, 휴일이 사흘 이상 이어지는 즐거운 날이죠. 어떤 집은 차례와 제사를 지내고, 어떤 집은 추모 예배를 보거나 여행을 가기도 합니다.

그런데 갈수록 명절에 대한 불만이 늘어나는 것 같습니다. 일 년에 한두 번 만나는 친척들에게 명절마다 "취직은 했니?", "결혼은

안 하니?", "학교 성적은 어떠니?" 등의 질문을 받는 건 참으로 괴로운 일입니다. 또한 비혼이나 1인 가구가 증가하면서 '가족이 모두 모여 조상을 기리고 구성원의 건강과 행복을 빈다'라는 명절의 의미가 희미해지기도 했어요.

그런데 우리는 추석을 어떤 날로 알고 있을까요? 사회 시간에 추석은 삼한 시절에 시작되었다고 배웠을 것입니다. 이후 오랫동안 농경 사회를 유지하면서 단오와 더불어 가장 큰 명절이었습니다. 그런데 산업 사회가 시작되면서 단오의 사회적 중요도가 줄어들고 그 자리를 음력 새해 첫날인 설날이 대체했습니다. 추석 날에는 평소에는 입지 않던 한복을 꺼내 입기도 하고 윷놀이 같은 전통 놀이를 하지요. 할아버지, 할머니께서 손주들에게 "우리 어렸을 때는 명절 때만 목욕을 하고 새 옷을 맞춰 입었단다. 그래서 명절이 오기만 기다렸어"라는 믿기 힘든 이야기를 들려주시기도 하고요.

추석이 신라가 발해를 이긴 날을 기념하던 행사라고?

문헌을 살펴보면 추석은 마한, 진한, 변한 등 한반도에서 본격적으로 철기 문화가 발전하던 시점에 등장했습니다. 같은 시기 북쪽 지역에 위치한 부여는 수렵 사회였기 때문에 12월에 영고라는 제천 행사를 지냈지만, 농사를 짓던 삼한에서는 농사일의 진행에 따라 문화가 발전했습니다.

그러다 삼국 시대가 되면서 추석이 국가 행사로 발전했습니다.

일본의 구법승 엔닌이 쓴 『입당구법순례행기』를 보면 신라인들이 음력 8월 15일에 100가지 음식을 차리고 사흘 밤낮으로 춤을 추고 노래를 부르며 놀았다는 기록이 나옵니다. 그런데 흥미롭게도 "신라가 발해를 이긴 날을 기념하기 위해"라는 설명이 뒤따릅니다. 즉 신라인에게 추석은 고유의 명절이기도 하지만 경쟁국인 발해와의 투쟁에서 승리한 날이기도 했다는 이야기입니다.

그런데 『입당구법순례행기』의 설명은 의심스럽습니다. 신라와 발해가 전쟁을 한 일이 드물뿐더러, 무엇보다 다른 사료에는 이런 설명이 나오지 않기 때문입니다. 다만 농경 문화에서 자연 발생한 명절에 국가 공동체의 집단 경험이 더해지면서 시기마다, 지역마다 명절을 기리는 의미가 조금씩 달라졌을 것이라고 추론해 볼 수 있습니다.

무식한 무리가 요사스러운 말에 혹하여 질병이나 초상이 나면 즉시 야제를 행하며, 이것이 아니면 이 빌미를 풀어 낼 수 없다고 하고 있습니다. 이들은 남녀가 무리를 지어 무당을 불러 모으고 술과 고기를 성대하게 차리거나 중들을 끌어들여 불상을 받들고 향화(香花)와 다식(茶食)을 차린 뒤 노래와 춤과 범패를 어지러이 섞어 놓습니다. 이들의 행동이 음란하고 요사스러우며 난잡하여 예절을 무너뜨리고 풍속을 상하는 일이 이보다 심할 수 없으니 수령들에게 엄하게 다스리도록 해야 합니다.

위의 글은 세종 13년(1431년) 사헌부에서 올린 장계의 내용입니다. 조선 시대에는 추석을 비롯한 전통 명절의 의미와 예식이 크게 바뀌었음을 알 수 있습니다. 고려 시대까지는 불교가 사회를 주도하면서도 무속을 비롯한 다양한 문화가 어우러진 형태로 사회가 발전했습니다. 하지만 조선은 성리학을 국가의 기본 원리로 삼고 이에 따라 사회를 재조직하기 위해 노력했습니다.

유학자들에게 가장 중요한 행사는 조상의 제사입니다. 부모에 대한 효(孝)가 유교의 덕목 중에서도 으뜸이었기 때문입니다. 중국 남송의 유학자 주희가 가정에서 지켜야 할 예의범절을 설명한 『주자가례』에 따라 조선은 유교적 제사 문화와 명절 풍속 등을 다시 만들었습니다. 그러면서 무속이나 불교 등 기존의 풍속은 "음란하고 요사스러우며 난잡"한 것으로 평가 절하하고 예절과 풍속을 새롭게 세워야 한다면서 대대적인 개혁을 도모합니다. 지금 우리에게 익숙한 명절과 차례 문화는 조선 시대의 윤리적·문화적 도전의 결과라고 할 수 있습니다.

추석맞이 두발 단속에 나선 조선 총독부

일제 강점기가 되면 추석에 관한 풍성한 이야기를 찾기 힘듭니다. 조선 후기부터 점점 커진 사회 경제적 위기는 일제 강점기에 더욱 심각해졌고, 사람들은 지독한 가난과 가혹한 수탈에 시달렸습니다. 오죽하면 추석에라도 즐겁게 지내자는 신문 사설이 실렸

단발 ©독립 기념관
양복 차림에 모자를 눌러쓴 관리가 가위를 들고 상투를 자르고 있다.

을 정도입니다.

경남 함안군에서는 군민 전부를 단발시킬 필요가 있다 하여 10월 3일, 즉 추석 바로 전날까지 1만 명을 일제히 단발시키기로 했다. 이를 군과 경찰서의 공동 명의로 각 면과 주재소, 금융조합 등에 명령했다. 관계 당국에서는 우선 자발적 단발을 권고하지만 응하지 않는 자에 한하여 강제 단행을 실시 중이다. 길거리에서, 시장에서, 관공서에서 닥치는 대로 마구 깎는 모습을 보며 노인들은 "이번 추석 제사에는 하이칼라 제관들이 조상 앞에 절하게 될 것이다"라고 전전긍긍하고 있다.

「색의단발령 경남 함안군에 추석 전 만 명」, 『동아일보』, 1933년 9월 29일.

경남 함안군에서 추석을 맞아 군민 1만 명의 머리카락을 강제로 자를 것이라는 기사입니다. 쉽게 말해 국가가 국민의 머리카락 길이까지 간섭했다는 말인데 격세지감을 느끼기도 하고 전체주의의 극치를 엿볼 수 있기도 합니다. 조선은 1895년 을미개혁 때 근대화의 일환으로 단발령을 실시했습니다. 엄청난 저항이 있었지만 그때는 국가 발전이 목적이었다고 할 수 있습니다. 하지만 이 기사에 나온 1933년의 단발령은 단지 단발이 보기 좋다는 게 이유였습니다. 조선 총독부의 의지에 따라 집단에게 단발이 강제된 것인데, 1970년대 말 정부의 장발 단속과 21세기까지 이어진 중고등학생들의 두발 단속이 이때부터 시작되었음을 가늠할 수 있습니다.

한편 1935년에는 『동아일보』에 「추석 폭동 밀의」라는 제목의 기사가 실렸습니다.

정보에 따르면 돈화 방면의 강군 2000명과 안도현 차소자에 근거를 두고 있는 동만주 인민 혁명군 약 1000명이 연합하여 왕청현 황구 중국 공산군과 연락을 취해 오는 8월 15일 추석을 기하여 각지에서 폭동을 일으킬 것이라고 한다. 세 부대는 길림과 돈화에서 폭동을 일으키고 돈화 현장을 습격하야 인민 혁명군이 총지휘에 따라 철도를 파괴할 것이라고 한다.

「추석 폭동 밀의」, 『동아일보』, 1935년 8월 15일.

간도에서 중국 공산당과 연계한 항일 투쟁 세력이 추석을 맞이하여 투쟁을 벌일지 모른다는 첩보를 소개한 기사로, 당시의 긴장이 절로 느껴집니다. 그럼에도 일제 강점기의 사람들도 나름대로 즐거운 명절을 보내기 위해 애썼습니다. 제사 음식을 장만하고 지주가 마을 사람들에게 곡식을 나누어 주었다는 기록도 있거든요.

산업화로 확 달라진 추석 풍경

1948년 대한민국 정부 수립 이후 추석 분위기가 역동적으로 바뀝니다. 추석에 관한 신문 기사를 찾아보면 항상 경기 부양이나 물가 통제란 단어가 따라옵니다. 그리고 이런 경향은 1970년대를 지나면서 한층 강화되었습니다. 1970년대 이후 산업화의 성과가 본격적으로 드러났기 때문입니다. 추석을 맞이하여 임금 체불과 물가 급등 같은 고질적인 문제를 집중 단속하겠다는 정부의 선심성 정책이 지면을 장식하기도 하죠.

매년 겪는 일이지만 그래도 금년 추석은 사치와 낭비, 문란과 혼란이 뒤범벅된 그런 것이 아니라 예스럽고 순수하며 겸허한 하루가 되었으면 하는 마음이 간절하다. 생활과 분수에 맞는 그러나 온갖 정성이 깃든 하루는 자라나는 동심에 정말 아름다운 추석을 마음 깊이 심어 줄 것으로 믿는다. … 우리가 이 추석을 맞아 하루를 즐기며 조상을 추모함은 모두 한낱 '놀음놀이'가 아니다. 예로부터 더 잘살기를 위한 것인 만큼 우리의 현실을 직시하여 보다 알찬 명절, 뜻깊은 하루를 보내야 하겠다. 낭비로 살림을 좀먹고 구례로 기강을 더럽히는 추석이 되지 않도록.

「"가족과 함께 조촐히" 즐겨 샐러리맨들의 추석맞이 실제」, 『내일성세신문』,

1975년 9월 17일.

이 기사는 제목부터 내용까지 온통 조촐하고 분수에 맞는 추석 맞이를 강조했습니다. 1970년대 박정희 정권의 목표가 고스란히 반영되었다고 볼 수 있습니다. 이때 국민들은 살림살이가 빠듯했고 따라서 사치와 낭비는 일부 상류층의 이야기였습니다. 그럼에도 간신히 이룩한 산업적 성과를 계속 이어 나가야 한다는 국가의 의지와, 무엇보다 국민이 검약하고 저축에 힘써야 한다는 국가의 요구가 팽배했습니다.

한편 추석 관련 기사임에도 불구하고 주인공이 샐러리맨들이라는 것도 눈길을 끕니다. 도시가 커지고 공장이 늘어나고 여러 회사가 성장하면서 샐러리맨이라는 새 직업군이 등장했다는 것을 알 수 있습니다.

한편 국가가 명절 분위기를 관리하겠다는 발상은 1980년대에도 고스란히 이어집니다.

정부는 다가오는 추석을 앞두고 건전한 명절 분위기 정착을 위해 공직자와 기업인 등을 중점 대상으로 사정 활동을 전개, 금품 수수와 물가 자극 행위 등 명절과 관련한 잔존 부조리를 일소하기로 했다.

사회 정화 위원회는 29일 하오 36개 부·처·청 감사관 회의를 열어 「검소한 추석 보내기 운동 정착화 지침」을 시달하고 오는 9월 3일부터 12일까지 사정 기관 합동 단속반을 편성, 모든 공직자는 금액의 다과를 막론 추석을 빙자한 선물이나 금품을 일체 주고받지 못하게 하고, 기업인은 공직자에 대한 금품 제공은 물론 납품, 하청을 둘러싼 기업 간 금품 수수 행위, 과대 광고 등 소비 자극 행위를 자제하도록 했으며 비위 관련 공직자는 엄중 문책할 방침이다.

「정화위, 내달 12일까지 중점 단속 금품 수수·물가 자극 등 추석 관련 부조리 일소」,

『경향신문』, 1984년 8월 29일.

    추석을 기해 사회 정화 위원회를 구성해 사회를 엄중히 단속하겠다는 내용입니다. 실제로 1980년대는 산업화의 성과가 나타나며 소비문화가 크게 팽창하던 시기입니다. 동시에 독재 정권의 정경 유착 등으로 명절맞이 선물을 가장한 뇌물이 공공연하게 유통되고 있었기 때문에 이런 이야기가 등장한 것이죠. 또한 1984년은 민주화의 열기가 고조되는 시점이기 때문에 전두환 정권 입장에서는 추석을 빌미로 공권력을 강화하고 싶었을 수도 있습니다.

    1970년대 중반부터 1980년대 중반까지 추석 무렵의 신문을 보면 흥미로운 내용이 가득합니다. 백화점은 인산인해를 이루는 반면 전통 시장은 한산하다는 내용이 종종 보이는데, 비슷한 이야기를 지금도 들을 수 있습니다. 추석 특집 방송이 화제가 되고 극장가가 외화로 가득 찼다는 기사도 있는데, 그 배경에 1970년대의 텔레비전 보급과 1980년대의 할리우드 영화 보급이 있습니다. 귀성 귀경길 보도가 본격화된 것도 이때입니다. 1970년 7월에 경부 고속 도로가 개통되고 이후 마이카(my car) 시대가 시작되면서 생긴 풍경입니다.

1990년대가 되면 추석을 '한가위'라고 우리말로 부르고 명절의 옛 풍속을 소개하며 전통문화를 즐기기 시작했습니다. 경제가 성장하며 문화에 대한 관심이 커졌고, 그 과정에서 추석의 역사와 전통을 되돌아보며 추석만큼은 전통적으로 보내고 싶어 하는 욕구가 생겼다고 볼 수 있습니다. 잘 먹고 잘살게 되자 이제는 전통문화를 색다르게 체험하려는 새로운 추석맞이가 시작된 겁니다.

이처럼 추석은 2000여 년 전에 발생한 우리 민족의 전통 명절이지만 그날을 헤아리고 즐기는 방법은 끊임없이 바뀌고 발전했습니다. 미래의 추석날에는 또 어떤 풍경이 펼쳐질지 상상해 보는 것도 재미있을 것 같습니다.

나는 떡을
썰 테니
너는 글을
쓰거라

→ 음식의 문화사

석봉이 어머니가 가래떡을 썰었다고?

한석봉이라는 이름으로 더 유명한 한호는 조선 중기의 문인이
자 우리나라에서 손꼽히는 서예가입니다. 그는 탁월한 붓글씨 솜
씨로 선조 임금의 사랑을 한 몸에 받았다고 합니다. 그가 쓴 『천자
문』을 비롯하여 한석봉의 글씨는 지금도 서예의 표본으로 인정받
고 있습니다.

한석봉과 관련한 유명한 이야기를 한 번쯤 들어 보았을 것입니

다. 젊은 날 학문에 마음을 두지 못하고 방황하자 어머니가 그를 집으로 불러 내기를 제안합니다. "지금부터 불을 끄고 나는 떡을 썰테니, 너는 붓글씨를 쓰거라." 불을 끄고 확인하니 떡은 가지런히 썰린 반면 한석봉의 글씨는 엉망이었습니다. 이에 부끄러움을 느낀 한석봉이 열심히 노력해서 위대한 서예가가 되었다지요.

유명한 일화입니다. 그런데 이 이야기를 듣고 어떤 장면이 떠오르나요? 캄캄한 방 안에서 한석봉은 덜덜 떨며 하얀 종이에 삐뚤빼뚤 글을 쓰고 있고 어머니는 희고 길쭉한 떡을 한 치의 흐트러짐 없이 써는 장면이 떠오르죠? 아마 대부분 그럴 것입니다.

조선 시대에는 가래떡을 어떻게 만들었을까?

그런데 한석봉과 어머니의 이야기는 어디까지 사실일까요? 한석봉은 조선 중기 선조 때의 인물이고 전해지는 이야기에 따르면 집안이 윤택하지 않았습니다. 그런 그가 희고 고운, 그래서 비싼 종이로 글공부를 할 수 있었을지 의심스러워요. 그리고 어머니가 썰었다는 떡이 정말로 요즘 가래떡처럼 길쭉했을까요? 긴 가래떡을 뽑기 위해서는 특별한 기구가 필요합니다. 떡 반죽을 넣고 강한 압력을 가하면 반죽이 구멍 밖으로 일정한 굵기로 밀려 나오는 기계 말이죠. 그런데 가래떡 뽑는 기계는 일제 강점기에 보급되었습니다. 따라서 한석봉의 어머니가 썬 떡은 가래떡이 아니었을 거예요. 이처럼 역사 이야기와 설화 속에는 종종 과거에 대한 오해와 왜곡이 섞여 있습니다. 우리가 알고 있는 역사적 통념이 사실은 역사가 아니었던 것이죠.

한석봉이 살던 시대에 떡을 만드는 방법은 크게 세 가지였습니다. 시루에 찌거나, 떡매로 때리거나, 아니면 교자 틀에 넣어 모양을 만들었죠. 시루에 찌는 방식이 가장 일반적이었고, 기름을 바른 뒤 절구에 넣고 때려 쫀득하게 만들거나 나무로 만든 교자 틀에 채워서 예쁘게 만들기도 했지요. 하지만 기계로 쭉 뽑아 일정한 형태로 만든 떡은 존재하지 않았습니다.

우리가 한석봉의 어머니가 썬 떡이 어떤 종류인지 정확히 알 수는 없어요. 다만 콩고물을 묻히기 전의 반질반질한 하얀 떡을 두툼하게 썰지 않았을까 정도로 추정할 수는 있습니다. 그리고 한석봉 일화가 역사적 사실이라고 가정한다면, 원래의 사건 위에 일제 강점기나 해방 이후의 윤색이 더해져 지금과 같은 내용으로 발전했다고 설명할 수 있습니다. 짧은 일화지만 역사의 다양한 층위를 더해 만들어진 이야기란 말입니다.

왜 하필 떡과 붓이었을까?

그렇다면 한석봉 일화에서 어머니는 왜 떡을 썰었을까요? 우리는 이 이야기에서 떡과 서예가 절묘한 대비를 이루고 있다는 사실에 주목해야 합니다. 중국과 일본에서는 서예를 서법(書法) 또는 서도(書道)라고 부릅니다. 어떤 이름으로 부르든 붓글씨에 대단한 의

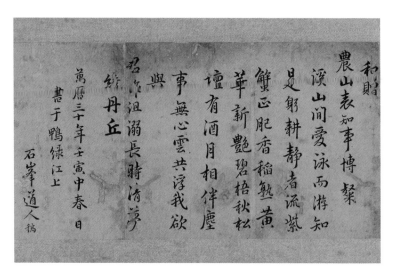
한석봉이 쓴 시문 ⓒ국립 중앙 박물관

미를 부여한 것입니다. 과거 동아시아에서는 그림보다 글씨를 더욱 뛰어난 예술로 생각했습니다. 왕희지와 구양순 같은 중국의 서예가를 최고의 예술가로 인정했거든요. 우리나라에서도 조선 전기에는 안평 대군, 한석봉, 선조 등이 서예로 유명했고 후기에는 이광사와 김정희 등이 이름을 떨쳤습니다. 서예는 양반 사대부의 핵심 수양법이자 선비가 할 수 있는 최고의 예술 행위였던 셈입니다.

그렇다면 떡은 어떤 의미일까요? 오늘날에는 떡을 맛있는 전통 음식 혹은 간식 정도로 생각합니다. 하지만 조선 시대에는 떡이 고급 음식이었습니다. 혼례나 길례, 돌잔치와 회갑연처럼 일생의 가장 중요한 순간을 축하하기 위해 떡을 놓았습니다. 지금도 잔칫상에 떡이 빠지지 않는 것을 떠올려 보면 그 유래를 짐작할 수 있습니다. 이처럼 떡은 중요한 예식을 위한 가장 귀하고 비싸고 좋은 음식이었습니다.

책거리 때 떡을 지어 먹었다는 기록도 있습니다. 책거리(책씻이 또는 세책례라고도 한다)는 과거에 서당이나 교육 기관에서 공부를 마친 뒤 축하의 의미로 떡을 나누어 먹던 의식입니다. 이때 특별히 '속을 비운 떡'을 만들어 돌렸는데, 앞으로 학문에 더욱 정진해서 속을 채우라는 의미라고 합니다. 저는 한석봉 일화에서 붓글씨와 떡이 대비된 까닭도 조선의 문화가 투영되었기 때문이라고 생각합니다.

떡장수 어머니와 호랑이 이야기는 어디에서 나온 걸까?

그런데 옛날 사람들은 정말로 떡을 좋아했나 봐요. 전래 동화 「해와 달이 된 오누이」에는 "떡 하나 주면 안 잡아먹지"라고 말하는 호랑이가 등장합니다. 호랑이는 떡장수 어머니를 잡아먹은 뒤 아이들까지 잡아먹으려 하다가 수수밭에 떨어져 죽습니다.

이 이야기가 언제 만들어졌는지 정확히 알 수는 없지만, 그리 오래되지는 않은 것 같습니다. 앞에서도 말했듯이 떡은 특별한 날에만 먹는 귀한 음식이었습니다. 게다가 떡의 주원료는 쌀인데, 조선 후기까지도 쌀 수확량이 충분하지 않았습니다. 따라서 가난한 집안의 여성 가장이 떡을 만들어 시장에 판다는 건 상상하기 힘든 일입니다. 잡곡과 밀가루로 만든 떡을 파는 여성이 실제로 등장한 시기는 한국 전쟁 이후입니다. 「해와 달이 된 오누이」 이야기의 시대 배경은 아주 오래된 옛날이지만, 떡장수가 등장하는 부분은 현대에 각색된 것이라고 말할 수 있습니다.

언제부터 떡국을 먹은 걸까?

우리 민족의 음식 문화사를 이야기할 때 보통 고려 시대를 기점으로 봅니다. 다양한 음식 문화가 발전해 오다 고려를 거치면서 전통적인 밥상의 구조가 완성되었다는 것이죠. 물론 이후에도 많은 변화가 있었지만 중국이나 일본과 다른 고유의 식사법, 식단, 조리

떡장수 ⓒ국립 민속 박물관
경성일지출상행(京城日之出商行)에서 발행한 조선 풍속 시리즈 엽서이다. 앞면에 떡장수가 떡판이 실린 지게를 세워 놓고 담뱃대를 물고 있는 사진을 컬러 인쇄했다.

법 등은 고려 후기에 자리 잡았습니다. 절기마다 먹는 음식이 정해진 것도 이 무렵입니다.

설날(음력 1월 1일) - 떡국

대보름(음력 1월 15일) - 약밥

삼짇날(음력 3월 3일) - 송편, 화전

한식(동지 후 105일째 날) - 송편, 밤단자

단오(음력 5월 5일) - 증편, 깨 인절미

유두(음력 6월 6일) - 수단, 연계탕

추석(음력 8월 15일) - 송편

중양(음력 9월 9일) - 무시루떡, 무왁저지

동지(일 년 중 밤이 가장 긴 날) - 팥죽, 전약

떡국은 조선 후기에 지금 우리가 먹는 방식으로 정착했습니다. 그 전에는 먹는 방식이나 시기, 계층 등이 달랐을 것 같은데 구체적인 기록은 아직 찾지 못했습니다.

그래도 떡국의 역사를 간접적으로 확인할 수 있는 내용이 있습니다. 예를 들어 조선 시대에는 꿩이 닭보다 저렴한 식재료였습니다. 10월부터 2월까지 겨울철의 대표적인 사냥감이 멧돼지, 노루, 그리고 꿩이었어요. 그중에서도 꿩 사냥꾼이 많았기 때문에 꿩고기가 흔했으며 꿩으로 육수를 만들거나 꿩고기를 떡국에 넣었을 것이라고 추론할 수 있습니다. 반면 지금 국물을 만드는 데 주로 사용하는 소고기는 조선 전기까지 국가가 엄격하게 관리하는 품목 가운데 하나였습니다.

나중에 떡국에 만두를 넣는 문화가 생겼다고 추론할 수도 있습니다. 만두는 중국 소설 『삼국지』의 주인공 중 한 명인 제갈량이 남만을 정벌할 때 처음 만들었다고 합니다. 이를 두고 사실 논쟁이 벌어지기도 하지만, 만두가 중국에서 유래한 음식이고 이것을 주로 한반도 북부 지방에서 널리 먹었다는 것만큼은 분명합니다. 그러다 한국 전쟁 중 남쪽으로 피난 온 실향민을 통해 만두가 대한민국에 보급되었다고 기억하는 사람이 많습니다. 그러니 떡국에 만두를 넣는 것은 1950년대 이후 본격화되었다고 볼 수 있습니다.

동네마다 '낙원 떡집'이 있는 이유

1945년 해방 후에도 떡은 귀한 음식이었습니다. 지금도 서울특별시 종로구 낙원 상가 근처에 떡집이 모여 있습니다. 1967년에 낙원 상가가 문을 열기 전에 이곳에 낙원 시장이 있었는데 그때부터 떡으로 유명했습니다. 속설에 따르면 1910년 한일 병합 이후 출궁한 궁인들이 낙원 시장 일대에 떡집을 차렸다고 합니다. 그러면서 궁중에서 즐기던 특별한 떡들이 세상에 알려졌고 시중에서 고급 음식으로 유명세를 떨쳤다고 합니다.

그런데 이 이야기는 과장된 측면이 있어요. 궁인이라고 다 음식

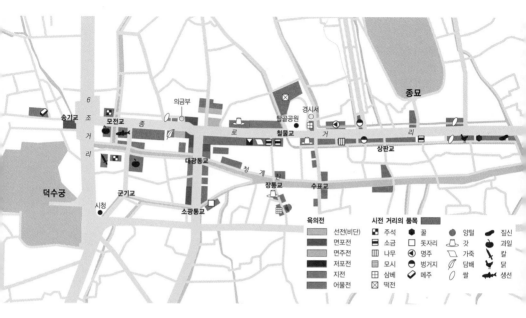

한양 종로의 시전 거리

조선의 세시 풍속을 날짜별, 지역별로 기록한 『동국세시기』(1849년)에 3월의 행사를 소개하며 남주
북병(南酒北餅)이라는 말이 나온다. "남산 아래에서는 술을 잘 빚고 북부에서는 맛있는 떡을 많이 만
들므로 서울 속담에 남주북병이란 말이 생겼다." 이때 북부란 북촌 부근 종로 일대, 다름 아닌 지금
의 낙원 상가 인근을 가리킨다.

솜씨가 좋았을 리 없고, 그들이 실제로 음식점이나 떡집을 차렸는
지 확인하는 것도 쉽지 않거든요. 다만 낙원 상가에서 수십 년간
떡집을 운영한 사람 가운데 처음 가게 문을 열 때 궁인에게 떡을
배웠다고 증언한 경우가 여럿 있습니다.

1950~60년대에 낙원 시장 떡집에는 두텁떡, 주악떡 등 이름조
차 생소한 떡도 많았고 각종 편과를 비롯하여 다양한 떡이 있었습
니다. 이 지역의 상권이 점차 확대되면서 '궁중떡'을 찾는 손님이

날로 증가했습니다. 더구나 근처 재동, 삼청동, 가회동 등 북촌에는 부자들이 많이 살았기 때문에 크게 번성할 수밖에 없었어요. 이후 종로를 중심으로 요정, 나이트클럽이 늘어나면서 낙원 시장은 더욱 활기가 넘쳤습니다.

하지만 1970년대에 강남을 개발하며 서울의 규모가 커지자, 도심 여러 곳에 상권이 새로 만들어지고 떡집도 늘어났어요. 그러면서 낙원동 떡집의 명성이 예전만 못하게 되었습니다. 1980년대 이후 다양한 음식과 간식이 보급되면서 떡의 매력이 감소한 것도 고려해야 합니다. 쉽게 말해 먹을 게 너무 많아진 것입니다. 1995년 서울시에서 낙원동을 떡전 골목으로 조성할 계획을 세웠지만, 현재 10여 개의 떡집만 남았을 정도로 과거의 명성을 잃어버리고 말았습니다.

떡의 역사, 혹은 떡으로 알아본 음식의 역사가 예상보다 훨씬 길고 복잡하죠? 시기에 따라 형태와 조리법이 다르고, 먹는 방식도 달라지고, 무엇보다 같은 이름이지만 전혀 다른 의미를 담고 있기도 합니다. 통념을 들여다보면 미처 알지 못했던 흥미로운 진실이 다시 보인다는 말입니다.

떡을 비롯한 음식과 생활 문화를 연구하는 장르를 문화사라고 합니다. 역사가 항상 거창한 정치와 경제만 다루는 것은 아닙니다. 사람이 살아가며 만들고 생활하는 모든 것이 역사가 되고, 그것을 깊이 연구하다 보면 항상 새로운 역사를 만날 수 있습니다.

국기란
무엇인가

→ 태극기로 보는
   상징의 역사

우리나라의 국기 태극기

사람마다 태극기에 관한 기억이 다를 것입니다. 누군가는 1919년 3·1 운동 때 태극기를 들고 거리로 나와 만세를 외치는 장면을 생각할 수도 있고, 2002년 월드컵 때를 떠올릴 수도 있습니다. 1987년 6월 민주 항쟁 당시에도 시민들이 태극기를 들고 거리로 나왔지요. 5·18 광주 민주화 운동 때는 사망자의 관을 태극기로 감쌌고, 6월 항쟁 때 경찰이 쏜 최루탄에 맞아 사망한 이한열 열사의 장례식에도 태극기가 등장하는 등 태극기가 민주화를 상징한 시절도 있었습니다.

흥미로운 점은 태극기가 시대에 따라 다른 의미로 사용되었다는 점입니다. 사실 1980년대까지 우리나라에서는 태극기가 국가주의나 집단주의를 상징했습니다. 1989년 1월 20일까지 매일 저녁 애국가가 울리면 길을 가던 사람들이 태극기를 바라보고 멈춰서서 경례를 해야 했습니다. 예전 「국기에 대한 경례」는 "조국과 민족의 무궁한 영광을 위하여 몸과 마음을 바쳐 충성을 다"하겠다는 내용이었고, 박정희 대통령 때 반포된 「국민 교육 헌장」에도 "조국 중흥의 사명을 띠고" 라는 말이 나오죠. 이처럼 태극기에 대한 경례는 독재 정권 시기에 국가에 대한 맹목적 헌신을 강제하는 도구였습니다.

이렇게 보니 대한민국의 역사를 '태극기를 둘러싼 이미지 투쟁'이라고도 설명할 수 있을 것 같습니다. 태극기의 참 의미를 둘러싼 치열한 싸움이 벌어졌다는 말입니다.

왜 많은 나라의 국기가 '삼색기'일까?

국가를 상징하는 깃발이라는 개념은 근대 유럽에서 시작되었습니다. 그 전에도 나라마다 여러 상징이 있었습니다. 중국이나 동아시아에서는 용이나 봉황이 대표적이고 프랑스의 부르봉 왕가는 흰색 깃발을, 장미 전쟁 당시 영국의 랭커셔 가문과 요크 가문은

장미 문장을 사용했습니다. 하지만 1789년 프랑스 혁명 이후 왕조나 귀족 가문의 문장은 쇠락하고 국민 국가를 상징하는 국기가 중요한 의미를 갖게 됩니다. 프랑스 혁명은 군주제와 신분제를 폐지하고 모든 인간이 자유롭고 평등하다고 선언한 중요한 사건입니다. 그 결과로 모든 국민이 동등한 권리를 갖는 근대 국가가 탄생했습니다.

프랑스 국기. 청색은 자유를, 백색은 평등을, 적색은 박애를 상징한다.

프랑스의 삼색기는 혁명의 정신, 곧 자유와 평등과 박애를 상징합니다. 그리고 이때부터 삼색기가 근대 국가를 상징하는 보편적 방식이 되었습니다. 가로 세로 줄의 방향이나 색이 뜻하는 내용은 다르지만 여러 국민 국가가 삼색기를 통해 이전의 신분제와 군주제를 배격하고 새로운 국가 정신을 상징적으로 표현하기 시작했습니다.

국기에 사용한 색깔도 중요한 의미를 담고 있습니다. 프랑스 국기에서 적색은 박애를 상징하지만, 일부 국가의 국기에서 적색은 사회주의나 공산주의를 상징합니다. 이때는 아나키즘을 상징하는 흑색을 함께 배치하기도 하고요. 이처럼 19세기에는 이념이 강조되면서 특정한 색깔에 자신들의 이념을 투영하는 문화가 생겼습니다.

전근대의 태극 문양

한편 우리나라 태극기는 매우 전근대적 깃발이라고 할 수 있습니다. 태극기는 다른 나라의 깃발에 비해 디자인이 독특하고 요소도 많이 들어 있습니다. 먼저 문양을 살펴볼까요? 중앙에 태극이, 주변에 4괘가 있습니다. 태극과 괘는 우주의 순환 원리를 담고 있는데, 본래 고대 중국에서 등장한 사상입니다. 음(파랑)과 양(빨강)의 조화 속에서 만물이 생성, 발전하는 원리(4괘)를 표현한 것으로 매우 전통적인 가치를 담고 있습니다.

더구나 태극기는 조선 왕조에서 만든 깃발입니다. 박영효가 처음 그렸다고 알려졌지만, 정확히 누가 만들었는지에 대해서는 논란이 있습니다. 그럼에도 태극기 제작에 박영효의 이름이 등장한 것은 의미심장합니다. 19세기 후반 병인양요, 신미양요, 그리고 운요호 사건이 잇달아 생기며 서양 열강과 일본 제국주의의 조선 침탈이 본격화됩니다. 서양의 발전된 문물을 두 눈으로 본 조선은 쇄국을 풀고 개화 정책을 추진했습니다. 그러면서 근대 국가로 나아가자고 주장하는 개화파가 등장했습니다. 박영효가 대표적입니다. 그가 태극기를 만든 것은 조선을 유교 왕조에서 서양 문물을 받아들이는 근대 국가로 바꾸려 한 의도적 행동이었다고 볼 수 있습니다. 태극기는 1883년 미국에 방문한 보빙사 사절단이 숙소에 걸면서 역사에 등장했습니다. 조선의 자주권과 개화를 상징하는 도구로 국기가 사용되기 시작한 것입니다.

현재 서대문 고가 도로 아래에 높이 14.28미터, 너비 11.48미터의 독립문이 서 있습니다. 1896년 서재필 등이 주도한 독립 협회에서 만든 건축물인데, 이름을 새겨 넣은 현판 좌우에도 태극기가 있습니다. 서양 열강의 침탈이 점점 더 심해지는 가운데 어떻게든 조선의 국권을 지키고 싶어 했던 이들이 태극기를 활용한 것입니다. 국가의 주권을 지키면서도 근대 국가를 만들고자 했던 19세기 말 지식인들의 고뇌가 태극기로 표현되었습니다.

1897년 고종은 원구단을 세우고 황제를 표방하면서 국호를 대한 제국으로 바꿨습니다. 당시 기록을 보면 황제 즉위를 경축하는 태극기가 장안에 물결쳤다고 합니다. 여기에서 태극기의 의미가 복잡해집니다. 이때까지 태극기는 개화와 근대화, 국권 수호 등을 뜻했습니다. 그래서 주로 개화파 지식인이나 애국 계몽가들이 태극기를 들었습니다. 하지만 고종이 이를 적극 활용하면서 태극기는 대한 제국의 국기가 되었습니다. 고종은 전제 군주제를 표방하면서 부수적인 개혁, 즉 황제가 주도하는 근대 국가를 추구했습니

독립문 현판의 태극기 ⓒ문화재청

원구단 황궁우의 옛 모습, 유리 건판 ⓒ국립 중앙 박물관

다. 많은 경우에 근대 국가는 신분제와 군주제를 해체하는 방향으로 발전하는데, 고종은 본인이 개혁의 중심이 되기를 원했습니다.

개화파는 개화의 상징으로 태극기를 소유하고 싶어 했고 고종은 황제국의 상징으로 태극기를 국기로 삼았습니다. 이처럼 묘한 갈등 속에 태극기가 있었다고 보면 좋을 것 같습니다.

태극기, 조선 독립의 상징이 되다

1910년 조선이 일본의 식민지가 되면서 태극기도 위기에 빠집니다. 국가가 없으니 국기도 쓸모없어진 것이죠. 그러다 1919년이 되자 태극기는 새로운 의미를 갖고 거리에 나부낍니다. 그해 3월 전국 각지에서 독립 만세 운동이 일어났습니다. 그런데 초기에는 태극기 물결이 전국으로 확산되리라고 아무도 예상하지 못했습니다. 3월 1일 당시 덕수궁 앞 만세 시위 사진을 보면 아무도 태극기를 들고 있지 않습니다. 3·1 운동의 시작은 태극기가 아니라 「독립 선언서」와 함께였으니까요. 선언서 수만 장을 인쇄해 배포하면서 운동이 확산되었는데, 이때까지만 해도 태극기를 함께 활용할 생각은 하지 않았습니다.

그런데 만세 시위가 점점 격화되면서 민중이 자발적으로 태극기를 만들기 시작합니다. 유관순 열사의 4월 1일 아우내 장터 시위에서처럼 만세 운동의 전면에 태극기가 등장하고 민족의 독립을 상징하는 가장 중요한 도구로 활용됩니다. 1910년 이전에는 태극기

1919년 3월 1일 덕수궁 앞 만세 시위 ⓒ독립 기념관

가 지배층의 주권 의지를 상징했다면 3·1 운동을 기점으로 독립과 민족을 상징하는 깃발로 바뀌었습니다. 민중 스스로 의미를 창조한 것이에요.

　3·1 운동의 확산 과정에서 태극기를 대량 인쇄하기 위해 목판을 만들기도 했습니다. 또한 3월 13일 만주 용정, 4월 12일 미국 하와

이, 4월 16일 필라델피아 등 한반도를 넘어 한민족이 있는 곳이라면 세계 어느 곳에서든 사람들은 태극기를 펄럭이며 독립 만세를 외쳤습니다.

3·1 운동은 대한민국 임시 정부 수립으로 이어졌는데, 그러면서 자연스럽게 태극기는 임시 정부의 국기가 되었습니다. 당시 상하이의 임시 정부 청사 사진에서도 태극기가 걸린 것을 확인할 수 있습니다. 나라를 잃은 백성들이 스스로 일어나서 만방에 민족의 자

김구가 서명한 태극기 ⓒ문화재청
대한민국 임시 정부 김구 주석이 1941년에 중국에서 미국으로 가는 매우사(본명 샤를 미우스) 신부에게 준 태극기로 바탕에 광복군에 대한 우리 동포들의 지원을 당부한 김구 선생 친필 묵서가 쓰여 있다.

존과 독립을 외쳤고 그 힘으로 임시 정부까지 세우는 과정에서 태극기는 독립운동사의 상징으로 우뚝 섰습니다.

1937년 중일 전쟁이 발반하며 임시 정부는 충싱으로 이동합니다. 이후 1941년에 태평양 전쟁이 시작되자 대일본 선전 포고를 하고 한국 광복군을 창설하는 등 보다 적극적인 활동을 벌였습니다. 이때의 광복군 창설 기념사진을 비롯해 1945년 임시 정부 요인의 환국 기념식 사진에서도 태극기를 발견할 수 있습니다.

> 마을의 몇몇 어른들이 태극기 그리는 법을 시범해 보였다. 언제 모았는지 일제의 국기인 일장기가 마룻바닥에 놓였다. 그 위에 우리는 백부님의 말씀에 따라 태극 모양을 그렸다. 일장기에서 붉은 부분은 그대로 두고 나중에 푸른 부분이라고 알게 된 하단을 먹물로 칠했다. 어른들은 벽장에서 창호지도 꺼내었다. 그것을 장방형이 되게 접었다. 그 중심에 접시를 엎으라고 하더니 연필로 원을 그렸다. 그다음 우리를 보고 역시 붉은색과 검은색으로 태극을 만들도록 했다. 다른 한편 어른들은 몇 장의 플래카드도 만들었다. "조선 민족 해방 만세."
>
> 김용진, 「나의 시대, 나의 이야기」, 『서정시학』, 2011.

1945년 8월 15일 해방을 회상한 글입니다. 1919년 3·1 운동 이후 해방까지 26년이 걸렸는데, 그동안 사람들이 태극기를 기억하고 있다가 해방된 날 다시 만든 것입니다. 독립운동가들은 일제와 사투를 벌일 때 태극기를 걸고 정체성을 지켰고, 민중은 끝내 태극기를 기억하고 있다가 해방되자마자 그려서 들고 나와 함께 기쁨을 누렸습니다.

앞으로의 태극기는 어떻게 될까요? 우리가 기대하는 미래, 우리가 만들어 갈 미래와 함께 태극기의 의미는 또 바뀔 겁니다. 1919년 그날에 그랬듯, 1987년 그날에 그랬듯 우리도 태극기의 의미를 만들어 봅시다.

18세기 조선 지식인들의 맛과 멋

→ 풍속사와
생활사의 세계

조선 사람들은 휴일에 뭘 하며 놀았을까?

시대마다 다양한 문화가 존재하고, 그 문화마다 고유한 개성이
있습니다. 조선 시대의 문화는 어땠을까요? 생각해 보니 조금 막
연한 부분이 있습니다. 조선은 성리학의 영향 때문에 뭔가 근엄하
기만 할 것 같고, 문화생활도 지금보다 훨씬 단조로웠을 것 같죠?
우리는 연산군과 중종 반정, 광해군과 인조 반정에 대해 배웠고 세
종과 정조가 이룬 태평성대에 대해서도 제법 자세히 아는데, 당시

〈태평성시도〉 ⓒ국립 중앙 박물관

중국 명대에 유행하던 화풍을 조선에서 재해석한 그림이다. 백성의 생활 모습을 종합적으로 그린 일종의 성안 풍속도로, 조선 후기 풍속화의 소재가 될 수 있는 각종 장면을 망라하고 있다. 화면에는 결혼, 장원 급제자, 귀부인의 행렬이 등장하며 각종 계층의 인물이 상업, 노동, 농사에 종사하고 여가를 누리는 모습과, 이 밖에 많은 행인과 어린이, 노인, 승려를 그렸다.

의 평범한 사람들이 하루하루를 어떻게 보냈는지에 대해서는 잘 모릅니다.

조선 시대에는 음식 문화도 성리학의 영향을 받았습니다. 유학자들은 "음식에 지나치게 취하지 말고 욕심을 조절해야 한다"라고 생각했습니다. 퇴계 이황이나 성호 이익이 대표적입니다. 선조 임금 때 영의정을 지낸 권철에 따르면 이황의 밥상에는 "반찬이 없고 맛도 없어서 도무지 먹을 만한 게 없었다"라고 합니다. 반찬은 겨우 세 가지에 불과했고, 심지어 여름에는 건포 하나만 먹었을 정도로 이황은 검소한 생활을 했습니다. 성호 이익은 '절식', 그러니까 식사를 적게 하는 것을 수양의 방편으로 삼았습니다. 그는 주로 콩죽, 콩나물, 된장처럼 콩으로 만든 반찬만 먹었고, 고기를 좋아하거나 음식에 욕심을 내는 사람을 육식자라고 비난했습니다.

하지만 조선 후기가 되면 유학자들도 맛있는 음식을 즐기게 됩니다. 대표적인 예가 연암 박지원입니다. 그는 어느 날 복어를 먹어 본 뒤 그 맛에 푹 빠져서 "그동안 복어 맛도 모르고 계절을 보낸 나 자신의 무심함을 질책"했습니다. 또한 '난회' 혹은 '난로회'라는 모임에 열심히 참여했는데, 그곳에서 각종 양념을 버무린 고기를 화로에 구워 먹은 일을 자세하게 기록해 놓았습니다.

비슷한 시기에 다산 정약용은 편지에 '개고기의 참맛'을 줄줄 적었습니다. 편지의 수신인은 흑산도로 유배를 간 형 정약전입니다. 동생이 형을 걱정하며 개고기를 먹고 건강을 지키라고 강권한 것입니다. 편지에 자세한 조리법을 적고 양념과 채소도 직접 챙겨서 보냈습니다. 요즘은 개고기 식용을 반대하는 여론이 우세하지만 과거에는 동서양의 보편적 육식 습관 중 하나였다고 합니다.

음식 문화에 대한 유학자의 관심, 그중에서도 실학자들의 각별한 관심 덕분에 18세기에 만든 농서에는 음식 항목이 많이 나옵니다. 홍만선의 『산림경제』, 유중림의 『증보산림경제』 그리고 빙허각 이씨의 『규합총서』가 대표적입니다. 『규합총서』에는 약과나 유자청 만드는 법 등이 자세히 나오는데, 이를 통해 당시의 생활을 자세히 볼 수 있습니다. 또한 빙허각은 여성이었기 때문에 우리는 『규합총서』를 통해 여성의 입장에서 과거를 관찰하는 귀중한 기회를 얻을 수 있습니다.

사대부의 클래식 악기 거문고

어렸을 때 부모님 따라 음악 학원에 가서 피아노나 바이올린 같은 악기를 배운 적 있나요? 요즘 우리는 취미와 소양을 기르기 위해 악기를 배우곤 하는데요, 조선 시대에도 비슷했습니다.

조선 시대 교양의 척도는 뭐니 뭐니 해도 서예가 으뜸이었고, 그다음으로 난을 그리는 난치기에 대한 관심이 컸습니다. 조선 후기에는 흥선 대원군의 난치기 실력이 유명했지요.

악기 연주도 중요했는데, 그중 으뜸은 거문고였습니다. 조선 사대부에게 거문고는 기본 소양이었습니다. 홀로 거문고를 타면서 마음을 수양하는 것이 음악 문화의 핵심이었죠. 그러다 18세기가 되자 사대부들이 모여 함께 악기를 연주하고 여흥을 즐기기 시작합니다. 이덕무, 박지원, 홍대용, 유득공, 강세황 등은 합주를 하면서 풍류를 즐겼어요. 이 가운데 박제가는 거문고와 소(簫, 우리나라 전통 관악기의 한 종류) 실력이 뛰어났고, 홍대용은 가야금과 거문고로 명성을 얻었다고 합니다.

『열하일기』로 유명한 북학파의 거두 박지원, 『청장관전서』 등을 남긴 실학자 이덕무, 우주와 천문을 탐구한 홍대용, 『발해고』를 저술하여 발해의 역사를 부활시킨 유득공이 한자리에 모여서 악기를 연주하는 모습을 상상해 볼까요? 그 옆에는 김홍도의 스승이자 조선 후기를 대표하는 화가 강세황도 있습니다. 이런 모임은 이후 '영산회상'이라는 전통 음악으로 발전합니다. 지금은 매우 엄격하고 정돈된 형태의 공연이지만, 처음에는 마치 재즈 연주회처럼 멋과 흥이 자유롭게 어우러졌습니다.

18세기에 양금(洋琴)이라는 현악기가 조선에 전래되었습니다. 이름에서 알 수 있듯이 이 악기는 서양을 기원으로 하며 중국을 거쳐 한국에 들어왔는데 현을 켜는 방법이 거문고나 가야금과 달랐습니다. 홍대용은 중국에서 양금을 직접 구해 온 뒤 이것으로 조선의 음악을 연주하는 법을 공부했습니다. 나중에는 악사들에게 연주법을 가르쳐 줄 정도로 실력이 훌륭했다고 합니다.

홍대용은 음악에 관심이 많았어요. 청나라에 가서 가톨릭 성당

담헌 홍대용은 가야금을 앞에 놓고, 성경 홍경성은 거문고를 잡고, 경산 이한진은 소매에서 퉁소를 꺼내 들고, 김억은 양금을 끌어 놓고, 약원공 보안 역시 국수로 생황을 연주하며 담헌의 요춘오에 모였다. 성습 유학 중은 노래로 거들고, 효효재 김용겸은 나이 덕으로 높은 자리에 앉았다. 맛있는 술로 취기가 돌자 모든 악기가 함께 어우러진다. 정원이 깊어 대낮인데 고요하고 떨어진 꽃잎은 섬돌 위로 가득하다. 궁조와 우조가 번갈아 연주되니 곡조가 그윽하고 요원한 경지로 들어간다.

성대중의 『청성집(靑城集)』 중 악회(樂會)에 관한 묘사.

옥동금(앞, 뒤) ⓒ안산시 성호 기념관
성호 이익의 셋째 형인 옥동 이서(1662~1723년)가 만들어 연주하던 거문고이다. 금강산 만폭동의 벼락 맞은 오동나무로 만들고 뒤판에 시를 지어 새겼다.

양금 ⓒ국립 민속 박물관
북한에서 전통 방식을 개량하여 현대에 다시 만든 것이다. 가로 114센티미터, 세로 49.5센티미터, 높이 14센티미터.

에서 파이프 오르간 연주를 듣고 감탄했다고 일기를 쓰기도 했습니다. 이덕무는 실학자로 유명한데, 그를 '문화 비평가'라고 불러도 좋을 것 같습니다. 악기를 분류하고 음악을 논평하는 데 능했고 음식에 관해서도 다양한 기록을 남겼습니다. 그는 단지 음식의 맛뿐만 아니라 조리법과 조리 도구의 위생 상태, 그리고 식사를 할 때 갖추어야 할 예절에도 관심이 많았습니다.

야연을 즐기던 조선의 흥취

문인들은 '야연'이라는 파티를 즐기면서 시간을 보내기도 했습니다. 저택 정원에 모여서 2~3일간 시간을 보냈다고 해요. 특히 '종암 문회'라는 모임에 관한 상세한 기록이 전해집니다. 이 모임은 영조 임금 때의 문신인 월곡 오원이 주도했습니다. 오원, 남유용, 이천보, 황경원 등 당대의 사대부가 모여서 1732년 어느 봄날 동대문 밖 10리쯤에 있는 별장으로 놀러 갔습니다. 아침 일찍 말을 타고 나가 봄 구경을 한 뒤 저녁에 술과 지필묵을 펼쳐 놓고 새벽까지 술을 마시면서 시를 지었다고 합니다. 그다음 날에는 정릉을 거쳐 북한산 백운대를 등람하고 다시 별장으로 돌아와 전날처럼 술과 시를 즐겼습니다.

'서지 문회'도 인상적입니다. 돈의문(서대문) 밖으로 쭉 걸어가면 월암(둥그재 바위) 길목에 연꽃이 핀 정원이 있었습니다. 그 집의 주인이 서지 문회의 대표이자 당대의 유명 화가인 이윤영입니다. 그

강희언, 〈사인시음〉 ©국립 중앙 박물관

는 이곳에 정자를 짓고 문인들을 초대했습니다. 사람들이 연꽃을 좋아했기 때문에 연꽃을 중심에 놓고 정원과 전각을 설계했다고 합니다. 서지 문회에서는 '빙등조빈연'을 열었다고 하는데, 얼음 안에 촛불을 켜고 손님을 비추는 놀이입니다. 오찬, 이인상, 김상묵 등이 서지 문회의 단골이었고, 이들은 백자 그릇에 얼음을 얼린 후 구멍을 뚫고 그 안에 촛불을 넣어 감상했습니다. 당시에 구하기 힘든 얼음과 꽃을 이용한 호사 취미가 꽤 낭만적입니다.

수집광, 취미, 유행… 후끈후끈했던 18세기 조선

당시 사람들의 취미 생활은 어땠을까요? 유학자들은 근검절약을 강조했고, 따라서 뭔가를 수집하거나 유행을 좇는 걸 비판했습니다. 취미를 일컬어 벽(僻, 고질병)이나 광(狂, 미치광이)이라고 불렀을 정도입니다. 하지만 18세기가 되자 분위기가 확 변합니다. 취미와 유행이 일상이 된 것이죠. 그중에는 놀랍게도 비둘기 기르기도 있었습니다. 방 안이나 추녀 끝에 새장을 걸고 비둘기를 기르는 문화가 전국을 휩쓸었습니다. 북경에서 수입한 값비싼 오색 빛깔 붕어를 기르는 것도 유행했는데, 어떤 사람은 천장에 유리 어항을 달고 그 아래에 누워서 금붕어가 헤엄치는 모습을 구경했다고 합니다.

붓글씨에 필요한 문방구는 늘 인기 품목이었고, 이 무렵에는 골동품 수집도 유행하기 시작합니다. 백제의 벼루, 고려의 비색 청자, 중국의 청동기와 자기, 옥기 등을 찾는 사람이 많았다고 합니다.

김홍도의 〈풍속도병〉과 〈포의풍류도〉 속에는 당대 양반 사대부의 취미와 수집 열정이 고스란히 남아 있습니다. 국화 분재를 비롯한 화훼를 즐기는 이, 수석을 모으는 이, 이런저런 과일을 즐겨 찾는 이 등 온갖 사물에 대한 관심이 만개했던 것 같습니다. 꽃은 항상 매화를 최고로 여겼고 때때로 능소화, 연산홍, 종려나무가 인기를 끌기도 했으며 제주도에서 자생 수선화가 발견되자 곧장 서울에서 유행한 일도 있습니다.

한편으로 담배를 피우는 사람이 무척 많았다고 합니다. 담배는 광해군 때 일본을 통해 조선으로 유입됐는데, 곧 "남녀노소 담배를 피우지 않는 이가 없다"라고 걱정할 정도로 심각한 문제가 되었습니다. 조선 후기에는 선교사들이 담배를 조선인의 대표적 폐습으로 지적했습니다.

매우 낯선 이야기이죠? 분명 우리 역사 속에서 일어난 일이지만 너무나 새롭게 다가오는 내용들입니다. 존재했지만 인지하지 못했기 때문에 벌어지는 현상이에요. 문화사에 대한 이해가 깊어지면 그만큼 문화 콘텐츠도 더욱 풍성해질 것입니다.

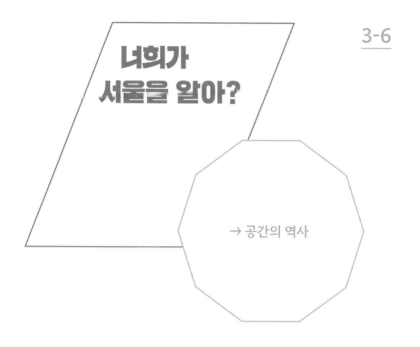

너희가
서울을 알아?

→ 공간의 역사

왜 기차는 서울역에서 출발할까?

고속 열차가 보편화되면서 다시금 철도가 중요한 교통 수단으로 각광받고 있습니다. KTX로 서울에서 부산까지 가는 데 2시간 30분이 걸리는데 앞으로 기술이 더 발전하면 베이징까지도 1시간이면 갈 수 있을 것이라고 합니다. 한반도 전역은 물론이고 중국의 주요 도시까지 포함하는 철도 1일 생활권이 점점 현실화되고 있습니다.

그런데 왜 우리나라의 철도 노선은 대부분 서울역이나 용산역을 거점으로 삼고 있을까요? 서울이 수도이기 때문일까요? 그렇다고 해도 왜 꼭 서울역이나 용산역에서 출발할까요?

한반도의 철도 노선은 일본의 침략과 관련이 깊습니다. 조선은 1876년에 일본과 강화도 조약을 맺고 인천, 원산, 부산을 개항했어요. 부산은 일본과 가까운 항구 도시였고, 인천은 조선의 수도인 한양으로 이어지는 항구였습니다. 원산은 외진 곳이지만 배후에 넓은 평야가 있고, 무엇보다 만주를 통해 중국과 시베리아로 나아갈 수 있는 요충지입니다. 일본은 서양 열강을 따돌리고 경인선(서울-인천), 경부선(서울-부산), 경의선(서울-의주), 경원선(서울-원산) 부설권을 얻었습니다. 이렇게 서울을 중심으로 X자 형태로 철도를 건설하면서 한반도의 동서남북이 더욱 빠르게 연결되었습니다.

우선 경인선에 주목할 필요가 있습니다. 이 시기에 '서울'은 사대문 안쪽의 한양을 의미합니다. 그리고 서울역과 용산역은 사대문 바깥에 위치합니다. 참고로 초기 경인선의 종점인 경성역은 서대문 밖 현재의 이화 여고 위치에 있었습니다. 그리고 현재의 서울역은 '남대문 정거장'이라는 이름으로 1900년 노량진에서 서울로 향하는 도심 구간을 개통할 때 문을 열었습니다. 1923년 남대문 정거장의 이름을 '경성역'으로 바꾸면서 거대한 르네상스 양식의 역사를 새로 지었죠. 이런 역사를 기억하며 1905년 봄에 일본인이 조선으로 오는 과정을 따라가 볼까요?

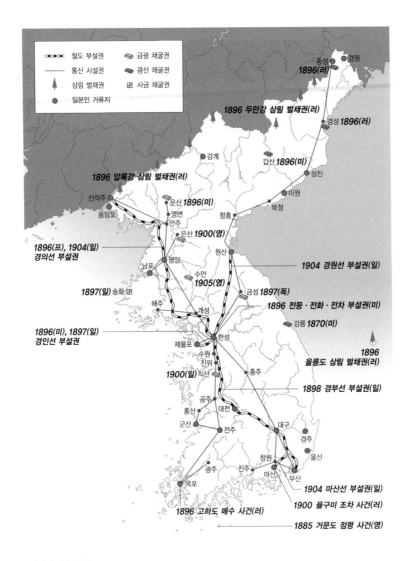

열강의 이권 침탈

시모노세키항에서 배를 탄 일본 군대와 상인들이 인천항에 도착합니다. 제물포역에서 경인선을 따라 33.2킬로미터를 달려 노량진역에 도착한 열차는 1900년 7월에 건설된 한강 철교를 건너 용산역으로 갑니다. 용산역 바로 앞에는 일본군 병영이 있기 때문에 군인들은 대부분 여기에서 하차합니다. 그리고 남은 군인과 상인들은 열차의 종점인 서대문의 서울역으로 갑니다.

일본인들의 한양 침입

일본인은 주로 청계천 남쪽, 그러니까 남촌 인근과 명동과 을지로 방면에 살았습니다. 대대로 조선의 양반들은 북촌에 살며 위세를 누렸고 청계천 일대와 남촌에는 평민들이 살고 있었는데, 개화기에 일본인을 비롯하여 외국 상인들이 대거 남촌으로 몰려들면서 남촌의 위상이 북촌을 압도하게 되었습니다. 그리고 얼마 지나지 않아 남대문 일대까지 중요 상업 지구가 확장되었죠. 서울역과 멀지 않은 거리입니다. 서울역에서 내리면 정면은 남대문 시장을 지나 명동과 을지로로 이어집니다. 반대 방향은 종로 또는 서대문 쪽으로 길이 이어지지요. 이렇듯 기차를 타고 서울역에 도착한 사람은 서울 어디로든 갈 수 있습니다. 배와 철도와 도로가 결합하면서 이제 사람과 물자를 어디로든 실어 나를 수 있게 되었습니다.

지금은 서울역이 서울의 중심에 위치한 것처럼 보이지만, 서울이 한강 이남으로 확대된 것은 20세기 후반 산업화 시기의 일입니다. 일제 강점기에는 현재의 중구를 비롯한 강북 일대를 개발하면서 식민지 경성의 영역을 확대했습니다. 철저하게 일본 제국주의의 입장에서 식민지를 관리하는 형태로 철도가 놓인 것이시요. 도시가 커지고 농촌 인구가 점점 더 유입됨에 따라 1910년 24만 명이던 서울의 인구가 1942년에는 110만 명으로 증가했습니다.

일제가 한반도에 철도를 놓을 때 서울역을 그 중심에 놓은 것은 어찌 보면 당연한 일입니다. 물론 해방 이후 철도를 새로 놓고 도시를 다시 계획하는 과정에서 크고 작은 변화가 이어졌습니다. 최근에 많이 이용하는 수서역이나 광명역 같은 경우는 강남권이 개발되고 또한 경기도의 여러 도시가 성장하면서 새로 생긴 역입니다. 그럼에도 불구하고 현재의 철도 교통이 일제 강점기라는 역사적 연원과 깊이 관련 있다는 점, 근본 구조가 여전히 남아 있다는 사실은 부정할 수 없습니다.

왜 이곳에 이것이 있을까?

"왜 이곳에 이것이 있을까?" 역사를 공부하는 사람이라면 항상 이렇게 질문하는 습관이 필요합니다. 사실 역사뿐 아니라 이 세계의 많은 현상에는 필연적 이유가 존재합니다. 하지만 우리 대부분은 그냥 주어진 곳에서 살아갈 뿐이고, 나와 내 주변에서 일어나는 일들의 기원에 대해서는 그다지 관심을 갖지 않습니다. 내가 일상을 사는 공간도 그저 생활 공간으로만 인식할 뿐, '역사의 공간'이라고 생각하는 경우는 많지 않습니다.

하지만 공간의 역사를 추적하는 것만큼 좋은 역사 공부는 없습니다. 모든 곳에 역사가 있고, 조금 특별한 공간은 그만큼 더 특별한 이야기를 간직하고 있습니다. "아는 만큼 보인다"라고 말하는 이유는 방문하는 장소의 역사를 알면 알수록 그곳에서 직접 느끼는 감정의 크기도 커지기 때문입니다. 또한 하나를 알게 되는 순간, 역사의 타래가 두세 겹씩 겹쳐지면서 우리의 시선을 또 다른 장소로 옮겨 놓을 때도 많습니다.

한번 생각해 볼까요? 역사는 이야기 그 자체입니다. 눈에는 보이지 않고, 글이나 말로 전해집니다. 하지만 인간의 역사는 시간뿐 아니라 공간을 통해 만들어집니다. 눈에 보이는 흔적은 공간 속에 남습니다. 그렇기 때문에 공간을 탐구하고 추적하는 일이 중요합니다.

서울 용산구 효창동에는 효창 공원이 있습니다. 독립운동 기념 공원이라고도 부릅니다. 그런데 효창 공원은 여느 근린공원과 다르게 평범하지 않은 분위기를 냅니다. 우선 공원 입구에 1960년 제2회 아시안컵 축구 대회를 치르기 위해 지은 효창 운동장이 있습니다. 그 주변에 한옥 형태의 건물이 몇 채 보이고, 공원 안에는 백범 김구 기념관과 김구 선생의 묘, 독립운동가를 기리는 사당인 의열사, 삼의사와 임시 정부 요인의 묘역 등이 자리를 잡고 있습니다. 어째서 이분들의 유해가 이곳에 모여 있는 걸까요?

효창 공원의 역사

효창 공원의 옛 이름은 효창원입니다. 조선 시대에 이곳은 정조 임금의 큰 아들 문효 세자와 세자의 어머니 의빈 성씨, 그리고 순조의 후궁 숙의 박씨와 그의 딸 영온 옹주의 묘가 있던 왕실 묘역이었습니다. 그런데 1894년 청일 전쟁 발발 직전에 일본군이 이곳에 몰래 주둔하면서 훼손되기 시작했습니다. 그해 6월에는 동학군을 진압한다는 명목으로 오오시마 소장이 지휘하는 일본군 혼성 여단이 효창원 만리창에 사령부를 구축하고 일대에 병참부를 설치했습니다. 그리고 1904년 러일 전쟁을 계기로 아예 용산을 일본군의 군사 기지로 바꾸기 시작합니다. 동시에 서울과 의주를 잇는 경의선을 건설하고 그 철도의 출발역을 자신들의 병영 앞에 세웠습니다. 그곳이 바로 현재의 용산역 자리입니다.

이후 조선으로 온 일본인의 수가 점점 늘면서 이들을 위한 녹지, 휴식 공간이 필요해졌습니다. 이에 일제는 1921년 효창원의 숲을 파헤쳐 골프장으로 만들고 문효 세자 묘를 빙 두른 골프 코스를 만들었습니다. 공사비 6000환을 들여 2300야드, 9홀 규모로 조성해 이후 3년간 운영하였는데, 우리 역사 최초의 골프장이었던 셈입니다. 한복을 입은 조선인 소년을 대동하고 골프를 즐기는 일본인의 모습이 사진으로 남아 있습니다. 1924년에는 효창원 동북쪽의 토지와 수목을 보호한다는 명목으로 15년간 무상 임대를 받은 후 효창원의 기존 구조를 해체하고 공원으로 만듭니다. 1930년대에는

삼의사 묘에 참배하는 김구 ⓒ백범 김구 기념사업회

놀이 기구를 설치하고 유원지로 조성하였습니다. 그러다 1944년 4월에 이곳에 있던 왕실의 묘를 아예 고양군 서삼릉으로 강제 이장했습니다.

우리가 기억해야 할 이름들

해방 이후 효창 공원은 다시 한번 중요한 변화를 겪습니다. 백범 김구의 주도로 1946년 이봉창, 윤봉길, 백정기 의사의 유골을 국내로 봉환해 이곳에 안장했습니다. 안중근 의사의 시신은 끝내 찾지 못했기 때문에 가묘를 만들었고, 그 밖에 중국에서 순국한 임시정부 요인들의 묘역도 조성했습니다.

이봉창, 윤봉길은 김구가 조직한 한인 애국단의 단원입니다.

임시 정부 환국 기념사진 ⓒ백범 김구 기념사업회

1923년 임시 정부 내부의 문제를 해결하기 위해 국민 대표 회의가 소집되었지만, 회의가 성과 없이 결렬되면서 임시 정부는 심각한 어려움을 겪습니다. 김구를 비롯한 소수만 남아서 임시 정부를 지키는 수준이었죠. 김구는 미국의 교민들에게 편지를 보내 독립 자금을 모금했고, 그렇게 모은 돈으로 항일 비밀 조직을 결성했습니다. 그 조직이 바로 한인 애국단입니다. 1932년 1월 이봉창은 도쿄로 가서 천황에게 폭탄을 던졌고, 4월에는 윤봉길이 중국 상하이 홍커우 공원에서 폭탄을 투척했습니다. 한인 애국단의 의열 투쟁은 커다란 반향을 일으켰습니다. 특히 윤봉길의 의거로 당시 일본군 총사령관인 시라카와 요시노리가 사망하고 다수의 일본군 수뇌부가 부상을 당하면서 일제가 긴장했습니다. 또한 이 일을 계기로 당시 중국의 지도자 장제스 총통이 김구와 임시 정부를 적극적으로 후원하게 됩니다. 한인 애국단의 성공은 작게는 김구가 독립운동의 지도자로 부상하는 계기였고 크게는 임시 정부 부활의 밑거름이었습니다.

백범 김구, 효창 공원의 의미를 되살리다

하지만 김구 입장에서는 젊은 청년들을 사지로 내몰았으니 매우 고통스러웠을 것입니다. 그래서였을까요? 그는 해방되자마자 이들의 유해를 수습해서 국내로 모셔 옵니다. 그리고 유해를 효창 공원에 안장하면서 이곳은 한국 독립운동사를 상징하는 공간으로 재탄생했습니다.

1949년 6월 26일 김구는 안두희의 총탄에 암살당합니다. 김구는 왜 암살을 당했을까요? 1940년경부터 분난에 반대하며 적극적으로 통일 운동을 펼쳤기 때문입니다. 당시에 분단을 반대한다는 것은 정치적 생명을 잃는 일이었습니다. 국제적으로는 미국과 소련의 대립이 격해졌고 국내에서도 좌익과 우익의 갈등이 극심했거든요. 김구도 처음에는 우익 중심으로 활동을 했지만 정치적 기득권을 포기하고 이념을 뛰어넘는 통일 운동을 선택합니다. 하지만 그러한 이유로 엄청난 정치적 박해를 받았고 결국 암살당합니다. 그의 유해는 국민장을 치른 뒤 7월 5일 효창 공원에 안장되었습니다.

한편 이승만은 김구와 정반대의 길을 선택했습니다. 그는 남한 단독 정부 수립과 반공주의를 분명히 표방하며 시대의 흐름을 받아들였고, 이를 통해 정치 주도권을 확보했어요. 이렇게 되자 미국도 그의 영향력을 인정할 수밖에 없었습니다. 결국 1948년 7월 이승만은 대한민국 초대 대통령이 됩니다.

사정이 이렇다 보니 1950년대에 효창 공원에 가서 김구를 참배한다는 것은 상상도 못 할 불온한 행동이었습니다. 사복 경찰이 효창 공원 일대를 감시했을 정도입니다. 이승만 정권은 이곳에 체육관을 지어 독립운동의 상징성을 훼손했고, 박정희 정권 시절에는 반공 투사 기념탑과 대한 노인 회관, 육영수 송덕비 등이 잇달아 들어서며 도무지 의미를 알 수 없는 장소가 되었습니다.

1990년대의 변화

세월이 흘러 1993년 문민정부를 표방한 김영삼 정권이 들어서면서 효창 공원의 위상이 단숨에 바뀝니다. 1993년 6월 26일 김영삼은 현직 대통령 최초로 김구 선생의 묘소를 참배했습니다. 그때까지 어떤 대통령도 우리나라 사람들이 가장 존경하는 독립운동가의 묘소를 찾지 않았다는 것이 이상하지 않나요? 그 정도로 독립운동사는 대한민국의 역사에서 배제되어 있었습니다.

김영삼은 여기에서 멈추지 않고 4·19를 의거에서 혁명으로 격상해서 민주 공화국의 정통성을 바로 세우고, 해외에 있던 임시 정부 요인 다섯 분의 유해를 국립 현충원으로 모셔 왔습니다. 그리고 효창 공원에 이봉창 의사의 동상을 건립하여 임시 정부의 법통이 대한민국으로 흘러왔음을 강조했습니다. 뒤를 이은 김대중 대통령 역시 이곳에 김구 기념관을 지었습니다.

"왜 이곳에 이것이 있을까?"라는 질문은 우리에게 색다른 역사의 깊이를 보여 줍니다. "어린이 대공원은 왜 하필 서울시 광진구 능동에 있을까?" "아차산 자락에 워커힐 호텔이 지어진 뒤 이 동네는 어떻게 변했을까?" 내 주변 장소에서 질문을 시작하고 그 답을 찾다 보면 역사 공부가 훨씬 더 재미있어질 것입니다. 언젠가 수학 선생님이 문제 속에 답이 있다고 말해 주신 것을 기억하나요? 그처럼 저는 역사의 답은 공간 속에 있다고 여러분께 말하고 싶습니다.

지금은
세계 유산의
시대

→ 우리 것이
최고라는
환상을 지우자

케이 팝을 넘어 케이 컬처의 시대

프랑스 칸 영화제와 미국 아카데미 영화제를 휩쓴 영화 〈기생충〉, 더 이상 설명이 필요 없는 BTS, 전 세계 넷플릭스 순위 1위에 오른 드라마 〈오징어 게임〉과 〈지금 우리 학교는〉. 바야흐로 한국 콘텐츠 전성시대입니다. 그 변화가 어찌나 빠른지 가끔은 머리가 어지러울 지경입니다. 한복이나 한글에 대한 관심도 무척 커졌고, 미국의 인터넷 종합 쇼핑몰 아마존에서는 호미가 불티나게 팔렸

다지요. 단지 한국 문화에 대한 관심이 커졌다기보다는 기술의 발전으로 세계가 더욱 긴밀하게 연결되고 전 지구적 자본주의가 확대된 구조적 변화의 결과로 설명할 수 있습니다.

그런데 우리가 한국 문화를 설명할 때 남용하는 말이 있습니다. "한글은 세계에서 가장 우수한 문자다." "석굴암은 전 세계에서 유일한 인공 석굴 사원이다." 이처럼 '세계에 하나뿐'이라거나 '세계에서 가장 우수'하다는 설명을 도처에서 보고 듣게 됩니다. 우리 문화에 대한 자긍심을 고취시키는 말이지만, 반대로 생각해 보면 무엇이 문제인지 알 수 있습니다. 한글이 세계에서 가장 우수한 문자라면 알파벳이나 한자는 그보다 못하거나 편리하지 않은 문자일까요? 또한 실크로드에 무수히 흩어져 있는 석굴 사원이 없었다면 신라 사람들이 석굴암을 만들 수 있었을까요? 조금 더 짓궂게 따진다면, 이토록 찬란한 문화를 연 우리 조상들이 왜 증기 기관과 비행기는 발명하지 못한 것일까요?

이처럼 우리 전통문화와 문화유산에 대한 자부심은 은연중에 다른 문화에 대한 차별과 멸시를 드러내게 됩니다. 따라서 역사와 문화를 설명할 때 이런 식으로 자부심을 표출하는 것은 올바른 태도가 아닙니다.

탁월한 보편적 가치—Outstanding Universal Value

탁월함과 보편성은 유네스코 세계 유산의 등재 기준입니다. 유네스코는 1972년 이집트 정부가 나일강에 아스완 하이댐을 건설하면서 물에 잠길 위기에 처한 고대 누비아 유적을 보호하기 위해 세계 문화 및 자여 유산 보호 협야 사업을 시작했어요. 시늠노 전 세계에서 "선조로부터 물려받아 오늘날 그 속에 살고 있으며, 앞으로 우리 후손들에게 물려주어야 할 자산"을 보호하고 있습니다. 1989년 전통문화 및 민속 보호에 관한 유네스코의 권고, 1992년 세계의 기억 사업, 2003년 무형 문화유산 보호 국제 협약 등 유네스코 세계 유산 사업이 광범위하게 전개되고 있습니다.

유네스코 세계 유산에 등재되려면 먼저 당사국이 해당 유산을 잠정 목록에 올려야 합니다. 이후 유네스코가 마련한 엄정한 심사를 거쳐 등재 여부가 결정됩니다. 심사 결과는 '등재', '보류', '반려', '불가'로 나오는데 불가 판정을 받은 유산은 재신청할 수 없습니다. 세계 유산 등재 후 관리가 부실한 경우는 등재가 철회될 수도 있습니다.

가끔 뉴스를 통해 한국의 어떤 문화나 문화재가 세계 유산으로 등재되었다는 소식을 듣곤 합니다. 가장 최근에는 갯벌(2021년 등재)과 서원(2019년 등재)이 새로 등재되었습니다. 이 소식을 접하며 "와, 이것도 등재가 되었어? 우리나라 굉장하네!"라고 뿌듯함을 느끼기보다는 어떤 이유로 등재되었는지에 호기심을 느끼면 좋겠습니다. 한국의 산사(2018년 등재)는 어떤 점에서 전 세계가 함께 보존해야 할 가치를 갖고 있으며, 석굴암과 불국사(1995년 등재) 또는 수

원 화성(1997년 등재)이 가진 탁월한 보편적 가치는 무엇인지 차분히 살펴보는 일이 중요하다고 생각합니다.

한국의 역사 마을, 하회와 양동

한국의 유네스코 세계 유산 등재 목록을 보다가 '한국의 역사 마을: 하회와 양동'을 발견하고 무척 기뻤습니다. 2010년에 세계 유산에 등재된 안동의 하회 마을과 경주의 양동 마을은 15세기 무렵 조선 시대 향촌의 구조와 유교 예법을 잘 보존하고 있다고 가치를 인정받았습니다. 수려한 자연 경관, 전통 건축 양식, 그리고 유교적 생활 문화까지 전통 가치가 잘 보존되었기 때문입니다.

또한 안동 하회 마을의 병산 서원과 인근의 도산 서원은 조선의 대표적 교육 기관이자 퇴계 이황과 서애 유성룡을 배향하는 곳입니다. 이 두 서원을 비롯해 도합 아홉 곳의 서원이 2019년에 세계 유산에 등재되었습니다.

퇴계 이황은 조선을 대표하는 성리학자이며, 도산 서원을 열고 수많은 제자를 길러서 조선 중기의 인문학 르네상스를 주도했습니다. 그의 제자인 서애 유성룡은 남인의 수장으로서 임진왜란 당시에 큰 역할을 했습니다. 그가 천거한 권율과 이순신이 전쟁에서 가장 큰 공을 세운 것은 물론, 자신은 『징비록』을 집필하여 후대에 전쟁의 이유와 대처법을 남겼지요. 유성룡이 배향된 곳이 바로 병산 서원입니다. 만약 하회 마을 병산 서원을 방문할 계획이라면 꼭

하회 마을 전경 ⓒtravel oriented(CC BY-SA 2.0)

『징비록』을 먼저 읽고 가기를 권합니다.

　수차례의 전란과 식민지 시기를 거치고도 전통을 고스란히 유지하고 있던 안동 하회 마을에 1970년대에 위기가 찾아왔습니다. 새마을 운동이 본격화되면서 관청에서 마을의 초가집과 기와집을 시멘트로 보수하라고 독촉했습니다. 하지만 마을 사람들은 이 요구를 거부했습니다. 지금도 하회 마을을 방문해 하천이 마을 사방을 휘감고 흐르는 풍경을 보면 환상 세계에 온 것 같은 기분이 듭니다.

하회 마을은 외관뿐 아니라 과거 향촌 공동체의 정체성까지 고스란히 간직하고 있습니다. 한쪽에는 종회를 비롯한 양반의 문중 모임이 체계적으로 남아 있고, 다른 쪽에는 성주신과 귀신날 등의 민중 신앙과 절기 의식이 잘 보존되어 있습니다. 양반 문화와 민중 문화가 혼재된 전형적 조선의 향촌 사회입니다.

그중 가장 유명한 것은 하회탈과 별신굿 놀이입니다. 탈춤은 예부터 한반도 전역에서 즐긴 대중 공연입니다. 다른 지역에서는 축제가 끝나면 사용한 탈을 태운 반면 하회 마을은 이것을 보관하고 입체적이고 미학적인 하회탈로 발전시켰습니다. 그리고 '하회 별신굿'이라는 특색 있는 공연 예술을 만들었습니다.

무형 유산은 어떻게 즐겨야 할까?

하회 마을 같은 문화유산, 제주도의 화산섬과 용암 동굴(2007년 등재) 같은 자연 유산, 그리고 『조선왕조실록』(1997년 등재) 같은 기록 유산 등 유네스코는 인류가 남긴 다양한 형태의 유산을 보존합니다. 그런데 음악이나 놀이 같은 경우는 시대의 변화에 따라 그 문화를 즐기는 사람들의 반응도 달라집니다. 오늘날 과거의 음악과 놀이를 옛 모습 그대로 관람하면 낯설고 재미없다고 느끼는 경우도 많죠. 이럴 때 그 유산이 어떤 역사를 갖고 있는지 이해한다면 즐거움이 더욱 커질 겁니다.

예를 들어 유네스코 무형 문화유산에 등재된 우리의 전통 음악은 크게 지배층의 음악과 민중의 음악으로 구분할 수 있습니다. 종묘 제례악(2001년 등재)이 대표적인 지배층의 음악이고 불교 음악인 영산재(2009년 등재)도 불교가 왕가와 귀족을 통해 수용되었다는 점을 고려하면 지배층의 음악으로 분류할 수 있습니다. 반면 판소리(2003년 등재)와 남사당 놀이(2009년 등재)는 전형적인 민중 음악입니다.

종묘 제례악은 유교의 이상을 구현한 제사 음악입니다. 동시에 악기 연주와 노래, 춤이 어우러지는 종합 예술 장르입니다. 조선 시대에 국가가 종묘에서 역대 임금의 제사를 지낼 때 쓴 음악이기에 형식과 절차가 매우 엄격합니다. 이를 통해 선대 임금의 덕을 기리고 왕실의 번영을 기원하며, 궁극적으로 유교의 으뜸 이념인 효를 실천하여 음양의 조화를 이루려 합니다. 음양의 원리를 추구한다는 것을 나라의 안녕과 백성의 행복을 비는 기도로 이해하면 좋을 것 같습니다. 종묘 제례악의 기초는 세종이 직접 만든 것으로 전해지며, 이후 세조 시기에 최항 등이 현재의 형태로 정리했다고 합니다. 또한 애초에 종묘라는 공간에서 거행하기 위해 만들었다는 점도 고려해야 합니다. 이처럼 종묘 제례악은 공간, 음악, 춤, 제사 등 당시 상상할 수 있는 모든 것을 망라한 고품격 예술입니다.

영산재는 불교에서 연원한 제사입니다. 지금도 누군가가 사망하면 장례를 치르고 이후 49일 뒤에 49재를 지내는 문화가 남아 있는데요, 이때의 49재는 사람이 죽으면 그 영혼이 49일간 허공을 떠돌다 이승으로 간다는 불교의 믿음에서 기원했습니다. 따라서 49일 후에 제사를 지내 영혼의 극락왕생을 빈 것이에요. 영산재는 49재 때 영혼이 번뇌에서 벗어나 행복한 삶으로 돌아갈 수 있도록 하던 기도입니다.

영산은 부처님이 제자들을 가르쳤던 영취산을 가리킵니다. 이곳

종묘 제례악 연주를 재현한 그림

에서 부처는 진리를 가르치고 중생은 불법을 통해 깨달음을 얻는 이상적 순간을 '영산회상'이라고 부르며, 불가에서는 그 장면을 그림으로 표현한 〈영산회상도〉를 발전시켰습니다. 영산재 또한 같은 맥락에서 발전하며 해금, 북, 장구, 거문고 등의 악기 연주와 바라춤, 나비춤, 법고춤 같은 무용을 더한 종합 예술이 되었습니다.

민중의 삶과 희망을 표현한 예술

한편 우리나라를 대표하는 민중 음악은 아무래도 판소리겠죠? 그런데 판소리가 언제 어떻게 시작되었는지는 알 수 없습니다. 17세기 중엽 조선 영조 임금 때 유진한이 쓴 문집 『만화집』에 〈춘향가〉 타령 이야기가 나오는 것으로 미루어 볼 때 최소 300년 전에 형태를 갖추었다고 추정할 뿐입니다.

판소리의 장르는 크게 전라북도 일원의 동편제와 전라남도 일원의 서편제, 그리고 충청도 지역의 중고제로 구분합니다. 조선 중기에는 〈춘향가〉부터 〈가짜 신선 타령〉에 이르는 열두 가지 이야기를 판소리 열두 마당이라고 불렀습니다. 그런데 시간이 갈수록 이야기가 하나씩 사라지더니 오늘날 전해지는 것은 〈심청가〉, 〈춘향가〉, 〈흥부가〉, 〈수궁가〉, 〈적벽가〉 다섯 마당뿐입니다.

판소리는 서민의 삶을 생생하게 그려 그들의 목소리를 대변하고 새로운 사회에 대한 희망을 표현했습니다. 또한 지배층과 피지배층이 같은 공연을 감상하며 현실에 대한 고민을 나누었다는 점에

구미 수다사 〈영산회상도〉 ⓒ문화재청

1731년 제작되었으며, 18세기 불화의 특징을 보여주는 우수한 작품이다. 설법하는 부처님을 중심에 그리고 주변에 여덟 명의 보살, 사천왕, 제석천왕, 10대 제자, 신중을 그렸다. 인물은 둥근 얼굴에 부드러운 인상으로 묘사되어 있는데, 이는 18세기 우리나라 불화의 일반적 특징이다.

서 사회 통합과 갈등 조절 기능을 담당했습니다. 유네스코는 판소리가 구전 형태로 이어진 것과 그 안에 담긴 가치관과 시대상 등의 독창성과 우수성을 인정하여 무형 문화유산에 등재했습니다.

남사당 놀이는 요즘으로 치면 서커스 같은 민속 공연입니다. 남성으로 구성된 유랑 극단이 전국의 장을 돌며 돈을 받고 풍물(농악), 버나(대접 돌리기), 살판(땅 재주 묘기), 어름(줄타기), 덧뵈기(탈놀이), 덜미(꼭두각시놀음) 등 다양한 재주를 펼쳤습니다. 이 가운데 덧뵈기나 덜미는 사회 풍자 성격이 강했지요. 양반을 비판하는 내용이 많았거든요. 조선 후기에 발전한 민중 의식이 남사당 공연에 깊숙이 배어들어 있습니다.

아리랑은 민중이 논매기, 밭매기, 나무하기, 나물 캐기를 하며 부르던 노래입니다. 한반도 전역에 약 60여 종, 3600여 곡이 분포해 있었다고 합니다. 1860년대 후반 흥선 대원군이 경복궁을 재건하고 대대적인 축하 행사를 열었는데, 이때 팔도에서 몰려온 노래꾼들이 아리랑을 부르면서 더욱 유명해졌어요. 그리고 1926년 나운규의 영화 〈아리랑〉이 크게 히트를 쳤는데, 영화의 주제곡도 아리랑이었습니다. 이처럼 조선 후기와 일제 강점기를 지나면서 민족의식이 성장하고 자연스럽게 아리랑의 위상도 높아졌습니다.

그동안 우리는 문화유산을 바라보며 우리 것이 최고라는 자만에 취해 있었는지도 모릅니다. 정작 그것이 왜 최고인지, 그것이 어떤 이야기를 간직하고 있는지는 제대로 돌아보지 않았습니다. 이제라도 우리 문화와 유산에 접근하는 방법을 점검해 보면 좋겠습니다.

또한 유네스코가 세계 유산을 지정하며 그 이유를 탁월한 보편적 가치라고 설명하는 것도 흥미롭습니다. 여기에는 국가와 민족을 넘어 인류라는 거대한 공동체로 세상을 이해하려는 생각이 깔려 있습니다. 이런 세계 시민 의식을 받아들인다면 우리 문화를 이해하고 상대 문화를 존중하며 모든 곳에서 가치를 발견할 수 있을 것입니다. 그것이야말로 케이 컬처가 추구해야 할 새로운 문화 의식이 아닐까요?

친절한 한국사
나의 관점에서 시작하는 역사 공부

2022년 5월 27일 1판 1쇄

지은이 심용환

편집 이진·이창연·홍보람
디자인 채홍디자인
제작 박흥기
마케팅 이병규·양현범·이장열
홍보 조민희·강효원

인쇄 천일문화사   **제책** J&D바인텍

펴낸이 강맑실   **펴낸곳** (주)사계절출판사
등록 제406-2003-034호   **주소** (우)10881 경기도 파주시 회동길 252
전화 031)955-8588, 8558   **전송** 마케팅부 031)955-8595 편집부 031)955-8596
홈페이지 www.sakyejul.net   **전자우편** skj@sakyejul.com
블로그 blog.naver.com/skjmail   **페이스북** facebook.com/sakyejul
트위터 twitter.com/sakyejul

© 심용환, 2022

ISBN 979-11-6094-937-7 43910